한석준의 말하기 수업

한석준의 말하기 수업

"말하기에 자신이 생기면 인생이 바뀝니다!"

한석준 지음

INFLUENTIAL
인 플 루 엔 셜

자기표현, 자기 PR이 중요해지고 누구나 개인 미디어를 만들 수 있는 시대이다. 아이러니하게도 무수한 메시지와 글이 난무하지만 진짜 소통은 줄어들고 어려워진 요즘, 말을 잘한다는 것은 그 무엇보다 강력한 무기가 될 수 있다. 말하기 실력을 키우면 일과 관계 모든 면에서 삶의 질도 높일 수 있다. 아나운서 출신답게 저자가 전하는 꿀팁 노하우, 구체적인 문제에 대한 해결책까지 꼼꼼하게 수록된 책. 반갑고 고마울 수밖에.

— 손미나 작가, 강연가

신기하게도 어딜 가나 그의 친구를 만납니다. 단순한 지인이 아닌 친하다고 하는 분들을 말이죠. 당연합니다. 따뜻한 마음으로 배려하는 그의 태도는 어딜 가나 환영받을 수밖에 없죠. 동생 둘의 구박 속에서도 한결같이 웃음으로 대해주시는 '한기자'님의 소통 노하우가 이렇게 책으로 묶여서 나왔네요. 여러분의 관계 맺음이 이 글을 통해 더 따뜻해지기를 기원합니다.

— 오상진 아나운서

지금은 말 한마디에 천 냥 빚을 갚는 것을 넘어 천 냥 돈을 벌어 올 수 있는 멀티플랫폼 시대다. 좋은 목소리를 선천적으로 타고나지 않았더라도 이 책에 소개된 요령만이라도 잘 익혀 실전에 적용하길 권한다. 특히 3부에 나오는 전현무 관련 일화가 압권이다.

— 전현무 MC

중요성을 간과하기 쉽지만, 우리는 '말'의 세상 속에 살고 있다. 업무통화부터 퇴근 후 지인, 가족과의 담소까지 어느 하나 말이 필요하지 않은 곳이 없다. 이 책은 말하기 끝판왕의 실용적인 스킬뿐 아니라 말을 통해 스스로를, 나아가 인간관계를 바꾸는 법까지 담고 있다. 말과 나의 품격, 인간관계의 등급을 한 단계 더 높이고 싶은 사람에게 추천하는 책.

— 이윤규 변호사, 《무조건 합격하는 암기의 기술》 저자

한석준 아나운서가 첫 강의 촬영을 할 때 큰 소리로 강조한 장면이 떠올랐다. 그도 처음부터 말을 잘한 것은 아니라며 말을 직업으로 가진 지금도 말을 유창하게 하는 것보다 말의 본질을 나누고 싶다고 했다. 그의 말하기 수업에는 사람들을 연결 짓고 연결의 행복을 만들어주는 말하기, 나를 매력적으로 만들어줄 뿐 아니라 내 삶을 바꿔주는 말하기의 본질이 담겨 있다. 책 속에 등장하는 여러 사례를 통해 나의 말하기를 돌아보게 되어 감사하며 읽었다. 내가 그랬듯 독자들도 이 책에서 말을 통해 행복을 찾아가는 길을 발견하길 바란다.

— 김대형 클래스유 대표

처음부터 말 잘하는 사람은 없습니다

아나운서가 되기 전까지 저는 말하기에 자신이 없는 사람이었습니다. 남들은 제가 말을 잘한다고 생각했을지 몰라도 저 스스로는 말하기 실력에 대한 결핍이 있었죠. 저를 아는 사람들은 제게 이런 고민이 있었다는 사실도 짐작하지 못할 겁니다.

KBS 아나운서로 입사하기 전, 저는 다른 방송사에서 아르바이트로 방송일을 시작했습니다. 그때 제 방송을 모니터링하면서 '말하기'에 대해 본격적으로 관심을 갖기 시작했죠. 이후 KBS에 입사해 전문적인 아나운서 교육을 받으면서 제 발성과 발음은 눈에 띄게 좋아졌습니다. 사람들도 저를 말을 잘하는 사람으로 인식하기 시작했고요.

아나운서가 된 지 24년이 지난 지금, 저는 아나운서로서 훈련한 방법과 경험을 담아 스피치를 강의하고 있습니다. 현장에서 수강생들의 고민을 듣다 보면 누구보다 말하기에 대한 갈증이 컸던 제 과거의 모습과 시행착오가 떠오릅니다. 그리고 그것을 어떻게 더 효과적으로 극복하고 효율적으로 익힐 수 있는지 여러 노하우를 많은 분과 나눌 수 있어서 마음이 뿌듯합니다.

말을 잘한다는 것은 어떤 의미일까요? 저는 말을 잘한다는 것은 인생의 관문들을 남들보다 좀 더 막힘없이 통과할 수 있는 강력한 무기 혹은 만능 프리패스를 지닌 것이라고 생각합니다. 중요한 면접부터 회사에서 본인의 성과를 드러내야 할 때, 팀원들과 의견을 나누면서 일을 추진해나가야 할 때, 처음 만난 사람에게 나를 소개할 때 등 다양한 상황에서 말을 잘하는 사람은 남보다 빠르고 수월하게 앞으로 나아갈 수 있을 것입니다.

이 책은 그런 관문 앞에서 막막해하는 분들에게 도움을 주기 위해 쓰였습니다. 이 책을 집어 든 여러분이 바라는 모습이 텔레비전이나 유튜브에서 본 말하기의 달인은 아닐 겁니다. 당장 면접이나 발표를 앞두었거나 평소에 '말 좀 잘해봤으면…' 하고 고민해온 분들일 거라고 생각합니다. 그런 분들에게 이 책은 곧바로 적용해서 실행할 수 있는 최소한의 말하기 전략입니다.

너무 많은 것을 배우려 하다 보면 지레 겁을 먹거나 중간에 포기하기 일쑤입니다. 말하기도 그렇습니다. 말을 잘하는 방법은 무궁무진합니다. 그것들을 모두 배워 실천하기란 사실 쉽지 않습니다(말하기를 업으로 삼고 있는 저조차도요). 그래서 저는 그런 무수한 말하기 비법 중에서 정말 중요한 것, 실행에 옮기면 곧바로 효과를 볼 수 있는 것만 추려서 이 책에 담았습니다. 말을 잘하고 싶다면 반드시 익혀두었으면 하는 것들만 가려 뽑았지요.

좋은 말하기는 형식(어떤 발성과 발음으로 어떻게 표현하는가—기술)과 내용(무엇을 어떤 방식으로 설명하는가—원칙과 태도)을 모두 갖춰야 합니다. 자전거의 앞바퀴와 뒷바퀴가 똑같이 중요한 것처럼 말의 형식과 내용은 경중을 가릴 수 없습니다. 이 두 가지를 보다 더 쉽게 익힐 수 있도록 1부에는 발성, 발음, 말투, 평조, 강조, 속도 등 말하기의 기술을 꼼꼼히 담았습니다. 2부에서는 "이런 상황에서는 어떻게 말해야 좋을까?" 하는 고민들을 곧바로 해결할 수 있는 상황별 원칙을, 3부에서는 말에 무게감을 더하고, 똑같은 말이라도 나를 돋보이게 하는 말의 태도를 제 경험을 바탕으로 풀어냈습니다.

연필을 들고 종이에 그으면 어떻게 될까요? 검은 선이 생깁니다. 의심할 필요가 없죠. 긋기 전부터 우리는 이미 알고 있습니다. 검은 선이 생길 것이라는 사실을요. 말하기 훈련도 그렇습니다. 이 책에 나오는 방법들을 꾸준히 연습하고 체화한다면 여러분의 말하기 실력은 무조건 향상될 수밖에 없습니다. 연필을 종이에 대고 그을 때처럼 여러분의 발전을 확신할 수 있습니다.

대학 입시 면접을 준비할 때는 지금만 지나면 두 번 다시 말하기를 연습할 필요가 없을 것 같습니다. 취업할 때도 비슷하죠. 이번 면접만 잘 넘기면 말하기 연습 따윈 다신 안 해도 될 것 같습니다. 하지만 취업에 성공했다고 끝이 아닙니다. 오히려 직급이 높아질수록 말하기의 중요성은 점점 더 커집니다. 제 수강생 중 많은 분이 팀장급 이상의 직무를 맡고 있습니다. 이끌어야 할 팀원이 생기고, 프레젠테이션의 결과가 실적이라는 이름으로 돌아오고, 더 높은 자리로 승진해야 할 위치에 있는 분들이 말하기의 필요성을 절실히 느끼고 공부하러 옵니다.

어차피 그럴 거라면 대학생이든 취업준비생이든 혹은 직장인이든, 두 번 다시 시간을 투자할 필요가 없을 만큼 미리 말하기 훈련을 해보면 어떨까요? 말 잘하는 사람이 되고 싶다는 염원을 가진, 바로 지금 말입니다. 지금 한번 잘 만들어두면 취업을 준비할 때도, 직장생활에서도, 승진해서 팀장이 되어서도, 회사의 매출을 위해 경쟁사와 나란히 프레젠테이션을 해야 할 때도, 더 나아가 임원이 되어 수많은 부하직원을 이끌어야 할 때도 좋은 무기가 될 테니까요.

꼭 어떤 성과를 목적에 두지 않더라도 말하기를 잘한다면 삶이 훨씬 더 풍요로워집니다. 주변 사람들이 나와 대화하는 걸 즐겁게 여기고 더 적극적으로 내게 다가옵니다. 사회 초년생 시절, 같이 시간을 보내는 게 불편하고 싫었던 과장 혹은 부장이 있었고, 언제든 더 이야기하고 싶고 더 배우고 싶은 과장이나 부장도 있었을 겁니다. 이제 곧 여러분 자신이 과장이 되고, 부장이 되고, 어쩌면 이미 되었을 수도 있을 텐데, 여러분은 어떤 사람이었으면 하나요? 말하기 실력이 좋아지면 언제나 함께하고 싶고 만나면 즐거운 사람이 될 수 있습니다.

나아가 말하기에 자신이 생기면 인생이 바뀌기 시작합니다. 생각해보세요. 하고 싶은 말을 매력적으로 할 수 있다면 얼마나 많은 일을 이룰 수 있을까요. 하다못해 말문이 막혀 그냥 참아야만 했던 순간에 적절하게 내 생각을 이야기할 수 있다면 얼마나 속이 시원하겠습니까.

더 미루지 말고, 이 책을 통해 인생의 성공과 행복을 모두 잡으시기를 바랍니다.

여러분의 말하기를 응원합니다.

2023년 8월
한석준

차례

2부 이럴 땐 이렇게 말해보세요

3부 당신의 태도가 말에 품격을 더합니다

1부

이것만 바꾸면
당신의 말이 달라집니다

똑같이 말해도
전달력이 좋은 사람과
그렇지 않은 사람이 있습니다.

우리는 어느 쪽을 신뢰할까요?
당연히 전달력이 좋은 사람입니다.

전달력이 좋으면
전하려는 메시지가 명료해지고,
왠지 똑똑해 보이는 부수적인 효과도 따라옵니다.
매력적인 사람으로 거듭나는 거죠.

그래서 저는 말을 잘하고 싶다는 사람에게
전달력이 곧바로 달라지는
말하기 기술부터 훈련해보라고 권하곤 합니다.

타고난 외양을 바꾸는 건 참 어렵습니다.

허스키한 목소리를 하루아침에

은쟁반에 옥구슬 굴러가는 목소리로 바꾸기도 쉽지 않고요.

하지만 발성, 발음, 말투, 억양, 속도 등

말하기의 기술은 조금만 시간과 정성을 기울이면

몰라보게 달라집니다.

전달력을 높이는 가장 핵심적인 열쇠는

말하기 기술에 있다는 것을 꼭 기억하시기 바랍니다.

매력적인 목소리로
상대를 집중시키는 법

목소리가 작아도 말이 또렷하게 들리는 사람

'발라드 왕자', '버터 왕자', '성발라'.

모두 가수 성시경 씨를 두고 하는 말입니다. 감미로운 목소리
와 뛰어난 가창력으로 우리에게 멋진 음악을 선사하고, 심야 라
디오 프로그램을 오랜 기간 진행하면서 "잘 자요~"라는 명대사
를 남기기도 했지요.

성시경 씨와 저는 따로 전화 연락을 하거나 사적으로 만날 만
큼 가까운 사이는 아닙니다. 다만, 비슷한 시기에 방송을 시작해
서인지 방송국에서 종종 마주치면 반갑게 인사하고 가끔 회식
자리에 함께하는 정도지요.

여러분은 성시경이라는 이름을 들으면 어떤 이미지가 떠오르나
요? 부드러운 사람? 잘생긴 사람? 키가 큰 사람? 호감형? 모두 맞

는 말이지만 저는 '안정된 사람'이라는 이미지가 먼저 떠오릅니다. 언제나 자신의 볼륨을 편안하게 유지하기 때문입니다.

방송에서 처음 만났을 때도 그랬고, 다른 사람과 이야기 나누는 모습을 봐도 그렇고, 떠들썩한 회식 자리에서도 그렇고, 대기실에 있을 때도 그렇고, 성시경 씨의 목소리 톤은 항상 일정합니다. 목에 크게 힘을 주지 않고 낮은 소리로 말하지요. 그런데도 성시경 씨가 말하면 어느덧 사람들은 그의 말에 집중합니다.

일반적으로 목소리가 작으면 "뭐라고 하는 거야?" 하고 답답해합니다. 하지만 성시경 씨는 어떤가요? 낮은 톤으로 힘을 빼고 말하는데도 "뭐라고 하는 걸까?" 하는 궁금증을 유발하며 귀를 기울이게 합니다. 이 차이는 무엇일까요? 성시경 씨는 발성과 발음이 모두 좋습니다. 음량이 크지 않아도 상대적으로 또렷하게 들리는 이유가 바로 여기에 있지요.

발성과 발음은 의사전달의 기본입니다. 24년 차 아나운서이자 스피치 코치인 제가 봤을 때 성시경 씨는 자기 목소리에 가장 어울리는 발성과 발음의 범주를 잘 알고 있습니다. 그 범주를 활용해 노래와 말을 하고요. 아마 가수가 되기 전 발성 연습을 통해 자연스럽게 깨우친 것이 아닌가 추측해봅니다.

발성과 발음은 훈련으로 좋아질 수 있다

매력적으로 목소리를 내는 사람들은 한결같이 성시경 씨처럼 발성과 발음이 좋습니다. 발성은 쉽게 말해 '소리를 내는 것'입니다. 폐에 들어간 공기가 날숨에 의해 성대를 진동시켜서 음성을 만들어내는 생리현상이죠. 발음은 '말이나 단어를 소리 내는 방식'입니다. 즉 입술과 이, 혀 등을 사용해 소통 가능한 말소리를 내는 것을 말합니다. 이 두 가지가 전달력의 핵심이죠.

아무리 전하려는 내용이 좋다고 해도 발성과 발음이 좋지 않으면 말하는 목적을 달성하기 어렵습니다. 반면 발성과 발음이 좋으면 똑같은 말을 해도 훨씬 신뢰가 갑니다. 안정된 음색과 정확한 발음 덕에 전하려는 메시지가 명료해지고, 왠지 똑똑해 보이는 부수적인 효과도 따라옵니다. 매력적인 사람으로 거듭나는 거죠.

연예인 중 특히 매력적인 목소리를 가진 사람을 꼽아보자면, 배우 서현진 씨와 오나라 씨를 들 수 있습니다. 두 분 역시 발성과 발음이 매우 좋습니다. 물론 타고나길 성대가 좋은 사람도 있습니다. 특별한 연습 없이도 좋은 목소리를 내지요. 그런가 하면 발성과 발음 연습을 통해 자신에게 어울리는 매력적인 목소리를 갖게 된 사람들도 있습니다. 제가 볼 때 서현진 씨와 오나라 씨는 후자에 가깝습니다.

다행인 것은 발성과 발음은 꾸준히 연습하면 드라마틱하게 좋아진다는 사실입니다. 연습을 거듭할수록 빠르게 좋아지고, 한번 깨우쳐서 체화되면 쉽게 잊히지 않습니다. 실제로 제 주변에도 타고난 성대가 좋아서가 아니라 훈련을 거듭해 매력적인 목소리를 갖게 된 아나운서가 많습니다. 가장 가까운 예가 바로 저고요.

이번에는 당신 차례입니다. 타고난 외양을 바꾸기는 어렵습니다. 허스키한 목소리를 하루아침에 은쟁반에 옥구슬 굴러가는 목소리로 바꾸기도 쉽지 않습니다. 하지만 발성과 발음은 조금만 시간과 정성을 기울이면 몰라보게 달라집니다. 그래서 저는 말을 잘하고 싶어 하는 사람에게 발성과 발음부터 훈련해보라고 권하곤 합니다. 이 두 가지 훈련이 바로 말하기 실력을 가장 빨리 향상시킬 수 있는 열쇠이니까요.

1부 이것만 바꾸면 당신의 말이 달라집니다

전달력이 좋지 않아 고민이라면,
정확한 발음부터 연습해보세요.
작은 변화로 큰 효과를 거둘 수 있습니다.

목소리가 좋아지는
방법은 따로 있다

후천성 성대 미남, 성대 미녀로 거듭나려면

"어떻게 하면 목소리가 좋아지나요?"

말하기 강의에서 수강생들에게 가장 많이 받는 질문입니다. 그러고 보면 생각보다 많은 사람이 자기 목소리를 마음에 들어 하지 않는 것 같습니다.

저마다 얼굴 생김새가 다른 것처럼 성대도 그렇습니다. 타고나길 잘생긴 외모가 있듯 타고나길 잘생긴 성대가 있지요. 배우 한석규 씨나 이병헌 씨의 목소리를 떠올려보세요. 상상만으로도 흐뭇해지죠. 안타깝게도 백날 노력한들 평범한 목소리가 하루아침에 그런 '성대 미남'으로 뒤바뀌는 기적은 일어나지 않습니다.

하지만 같은 얼굴이어도 인상을 구길 때보다 미소를 지을 때 호감을 주듯, 평범한 성대라도 제대로 사용할 줄만 안다면 이전보다 훨씬 더 멋진 목소리를 낼 수 있습니다. 바로 발성 연습을 통해서입니다. 발성 훈련을 꾸준히 하다 보면 목소리는 저절로 좋아집니다.

말 잘하는 방법도 익히기 어려운데 목소리 훈련까지 해야 하느냐고요? 역으로 묻겠습니다. 세상 모든 일 중 내 목소리를 드러내지 않고 할 수 있는 일이 있나요? 굳이 일을 목적에 두지 않더라도 우리는 죽을 때까지 끊임없이 말을 하며 살 수밖에 없습니다. 목소리는 곧 제2의 얼굴, 나를 표현하는 강력한 수단인 셈이죠. 좋은 목소리를 가져야만 하는 너무 당연한 이유입니다. 그 첫걸음이 발성 훈련이고요.

발성의 기초 훈련, 복식호흡

그럼 발성의 기초를 배워볼까요? 좋은 발성의 핵심은 '배에서 소리를 내는 것'입니다. 복식호흡으로 발성하는 거죠. 배의 안쪽까지 공기를 채웠다가 뱉어내듯, 소리를 배의 안쪽까지 채웠다가 내보내는 느낌으로 말하는 것입니다. 이 과정이 어렵게 느껴진다면 복식호흡 발성을 위한 간단한 방법들을 활용해볼 수 있습니다.

먼저, 크게 하품을 해보세요. 숨을 크게 들이마시고 내쉬면서 '하암' 하고 소리를 내겠죠? 그렇게 숨을 크게 들이마시고 밖으로 내뱉는 과정이 복식호흡입니다. 복식호흡을 통해 소리를 내는 게 바른 발성이고요. 좀 더 구체적으로 살펴볼까요?

먼저 허파에 공기를 가능한 한 많이 채운다는 느낌으로 숨을 들이마셔보세요. 그런 다음 입을 작게 오므리고 가늘고 길게 숨을 내뱉습니다. 가늘고 긴 느낌을 유지하며 10초 이상 숨을 뱉으세요. 그다음 다시 한번 숨을 들이마십니다. 이번에는 숨을 그냥 내뱉지 말고 '오'라는 소리를 내며 길게 내뱉어보세요. 소리를 숨에 살짝 얹는 느낌으로요.

어떤가요? 평소에 말할 때보다 깊고 예쁜 소리가 나지 않나요? 이 소리가 바로 호감을 주는 목소리입니다.

처음에는 복식호흡이 익숙하지 않아 어려울 수 있습니다. 이럴 땐 볼펜이나 손가락을 활용해보세요. 볼펜이나 손가락으로 배를 지그시 누른 상태에서 소리를 내면 지금 배에 힘이 들어갔는지 안 들어갔는지를 느낄 수 있습니다. 배에 살짝 힘이 들어간 것이 느껴진다면 제대로 발성을 하고 있는 겁니다. 헬스장에서 트레이너가 가슴 운동을 시킬 때 가슴을 손가락으로 찌르는 것과 같은 원리입니다. 그 자체만으로도 힘을 쓸 때 근육에 신경을 집중할 수 있죠. 발성할 때도 볼펜이나 손가락을 이용해서 배에 신경을 집중시키면 좋은 목소리를 내는 데 도움이 됩니다.

이외에도 엎드린 상태에서 의자에 다리를 올리고 글을 읽는 방법도 있습니다. 플랭크 자세와 비슷하겠죠. 이 자세를 유지하려면 배에 힘이 들어갈 수밖에 없습니다. 이렇게 배에 힘을 가득 준 채로 말하는 연습을 하다 보면, 말을 할 때 배 힘을 어떻게 사용해야 하는지를 깨닫게 됩니다. 당연히 바른 발성에도 도움이 되고요.

복식호흡을 통해 발성해야 하는 이유는 듣기 좋은 소리를 내기 위한 목적도 있지만, 잘못된 발성으로 목이 상하는 것을 방지하기 위해서이기도 합니다. 잘못된 발성으로 성대가 상하면 점점 더 듣기 거북한 목소리가 됩니다. 안 좋은 발성이 안 좋은 목소리를 가져오는 악순환이 반복되죠.

물론 이 과정은 인내가 필요합니다. 처음엔 내가 배로 소리를 내고 있는 건지 아닌지 구분이 되지 않을 겁니다. 변화가 바로 느껴지지 않으니 이걸 과연 꾸준히 해야 하는지 의구심도 들 테고요. 하지만 일단 바른 발성이 몸에 배면 그 이후로는 잘못된 방법으로 소리를 내는 것이 되레 힘들 겁니다. 소위 '체화'되는 거죠.

꾸준한 연습을 통해 바른 발성을 체화하고 그래서 소위 호감을 주는 목소리를 갖게 되면, 생각보다 많은 것을 얻게 될 겁니다. 제 경험으로 미루어보면 남보다 좋은 목소리를 가진 사람은 일이 조금 미숙해도 박한 평가를 받지 않습니다. 남 앞에 나설 기회도 많아지고, 누군가로부터 인정받을 가능성도 높아집니다. 자신감이 상승하는 건 당연한 수순일 테고요.

연습해볼까요?

발성 훈련하기

오른쪽의 QR코드 영상을 보면서 저와 함께 발성 연습을 해봅시다.

① 가늘고 길게 호흡하기

숨을 크게 들이마시고 가늘고 길게 내뱉습니다. 여러분이 마주 보고 있는 벽에 내가 지금 내쉬는 숨이 조금씩 밀려 가 닿는다고 상상하면서 길게 내쉬어보세요. 가급적 10초를 넘겨주세요.

② '후' 하고 숨을 내뱉다가 중간에 '우'라는 소리를 얹기

3초까지는 숨만 내뱉다가 "우~" 하는 말소리를 길게 내보세요. 이때 입안의 공간을 크게 하면서 최대한 울리는 멋진 소리를 낸다고 생각해보기 바랍니다.

노래할 때 많이 쓰는 허밍으로 연습하는 방법도 있습니다. 허밍이란, 입을 다물고 코로 소리를 내어 부르는 창법인데요. 우선 한 음을 잡아서 길게 허밍을 해보세요. "음~." 이때 입안에 공간을 크게 확보하는 것이 중요합니다. 그래야 좋은 소리를 유지할 수 있지요. 이번에는 "음~" 하고 허밍하다가 3초 후부터 "아~"라는 말소리로 바꿔보겠습니다.

1부 이것만 바꾸면 당신의 말이 달라집니다

③ 하품 연습하기

먼저 크게 하품해보세요. 그다음 다시 하품을 하면서 "아~"라고 소리 내보세요. 여러 번 반복하는 것도 좋습니다. 몸 전체를 이완한 채 훈련하면 저절로 하품이 나오는 경우가 많기 때문에 반복해 훈련하는 것이 어렵지 않을 겁니다.

어떤가요? 잘 따라 하셨나요? 발성 연습은 조금씩이라도 매일 꾸준히 해보세요. 생각보다 금방 좋아질 것입니다.

발성 훈련하기 영상

우리말 '아'를 정확하게
발음할 수 있습니까?

발음이 부정확해 보이는 결정적 이유

단기간에 발음이 좋아지려면 어떻게 해야 할까요? 저는 모음 발음을 집중적으로 훈련해보라고 말합니다. 단순하게 생각하면 우리말은 모음보다 자음이 많이 쓰입니다. '자음+모음'인 글자 뿐 아니라 '자음+모음+자음'인 글자도 있으니까요. 그런데 발음을 좋게 하는 데는 자음 훈련보다 모음 훈련이 훨씬 더 효과적입니다.

그 이유는 무엇일까요? 자음을 틀리게 발음하는 경우는 드물기 때문입니다. 자음을 틀리게 발음했을 경우 어떤 자음을 틀리게 발음했는지 확실히 드러납니다. 반면, 모음은 그렇지 않습니다. 모음을 틀리게 발음하면 사람들은 '이유는 정확히 모르겠지만, 발음이 부정확하네'라고 생각합니다. 예를 들어볼까요?

'아' 발음을 생각해봅시다. 우리말의 '아'를 정확히 발음하려면 입을 위아래, 좌우로 크게 벌려야 합니다. 거울을 보면서 "아~" 하고 소리내보세요. 어떤가요? 얼마나 입을 크게 벌려야 하는지 느껴지나요? 이렇게 시원하게 입을 벌려야만 '아'를 정확하게 발음할 수 있습니다.

영어와 비교하면 그 차이가 더 명확하게 드러납니다. 영어의 'A' 발음을 생각해봅시다. 'A' 발음은 우리말의 '아'와 '어'의 중간쯤 됩니다. 'America', 'Agenda'와 같은 말에서 첫 글자인 'A'는 거의 '어'에 가깝게 소리를 내고, 마지막 글자인 'ca'와 'da' 역시 우리말의 '아'와는 입이 벌어지는 정도가 다릅니다. 영어의 'A'는 입을 덜 벌리죠.

이러한 미묘한 차이 때문에 영미권 사람들이 우리말을 배울 때 정확히 발음하기 어려워합니다. 아예 소리 낼 줄 모르면 신경 써서 배웠을 텐데, 소리 낼 줄 안다고 생각하기 때문에 정확한 발음을 배우기 어려운 겁니다. 공중파 방송국 아나운서 가운데 영미권에서 자란 사람이 드문 이유이기도 합니다. 제가 아는 사람 중엔 KBS의 윤수영 아나운서 정도입니다.

단기간에 발음이 좋아지는 모음 훈련법

그럼 모음은 어떻게 발음해야 할까요? 하나씩 같이 발음해볼까요?

▶ 'ㅏ' [아]

앞서 설명했지만 입을 위아래, 좌우로 확실하게 벌리면서 발음해야 합니다. 아래턱을 아래로 끝까지 내리면서 입안의 공간을 충분히 확보해줘야 하죠. 해볼까요? "아."

아마 잘했을 것입니다. 그동안 의식하지 못해서 정확하게 안 했을 뿐, 할 줄 몰랐던 것은 아닐 테니까요. 이렇게 입을 크게 벌려서 소리를 내야 '아' 발음을 정확히 할 수 있다는 것을 기억해 주시기 바랍니다.

▶ 'ㅓ' [어]

'아' 발음에서 입술이 앞으로 튀어나오게 하면서 발음합니다. 입안의 공간이나 아래턱의 위치는 '아'와 비슷합니다. 오로지 입술 모양만 다릅니다. 그래서 '아'와 '어'가 연이어 나오는 낱말의 발음은 비교적 쉽습니다. 입술을 많이 움직일 필요가 없기 때문입니다.

▶ 'ㅗ' [오]

입술을 모아서 앞으로 내밀면서 아래턱은 여전히 내린 상태입니다. 입안의 공간이 세로로 길게 벌어지는 느낌입니다.

▶ 'ㅜ' [우]

드디어 아래턱이 올라갑니다. 턱을 올려서 입안의 공간을 '오'보다는 좁게 만든 후에 입술을 길게 앞으로 내밀어보세요. 이때 앞으로 내민 입술은 힘을 주어 좁게 모읍니다.

▶ 'ㅡ' [으]

특이한 발음입니다. 이를 다문 상태로도, 약간 벌린 상태로도 발음할 수 있습니다. 다른 나라 언어에서 보기 힘들기 때문에 외국인이 우리말을 배울 때 가장 어려워하는 발음이기도 합니다. 애초에 그런 발음을 들어본 적이 없으니 설명해도 잘 이해하지 못하죠. 입 모양은 그냥 가만히 있을 때와 비슷합니다. 별다른 움직임 없이 발음하기 때문에 소리 내기가 편하죠. 입을 크게 벌릴 필요도, 입술을 특정 모양으로 만들려고 노력할 필요도 없습니다. 쉬운 발음이기 때문에 '으' 발음을 정확히 하지 못하는 사람은 드뭅니다.

▶ 'ㅣ' [이]

입을 좌우로 길게 벌려야 합니다. 입이 양옆으로 많이 벌어질수록 더 정확한 소리를 낼 수 있습니다. 그러니 최대한 입을 벌려보길 바랍니다.

▶ 'ㅐ'와 'ㅔ' [애], [에]

발음은 비슷하지만, '애'일 때 입을 좌우로 좀 더 크게 벌리고, '에'일 때는 덜 벌립니다.

▶ 'ㅚ' [외]

어려운 발음입니다. 단모음을 발음할 때는 입 모양이 변하지 않는다는 걸 생각하면 더 그렇습니다. 그래서 요즘에는 '왜'로 발음해도 허용되는 분위기입니다. 하지만 정확한 '외' 발음은 입술 모양을 '오'에 가깝게 유지한 채 발음하는 것입니다.

▶ 'ㅟ' [위]

역시 단모음인 게 이해가 안 갈 정도로 어떻게 입 모양이 변하지 않을 수 있을까 의문입니다. 정확한 발음은 입술 모양을 '우'에 가깝게 유지한 채 발음하는 것입니다. 하지만 '우'와 '이'를 합친 이중모음처럼 발음한다고 생각해도 무방합니다.

단모음을 설명하면 이와 같습니다. 단모음의 정확한 발음은 아래 QR코드의 영상을 통해 확인하길 바랍니다. 지금까지 정확한 모음 발음법을 알아봤지만 여전히 평소에 말할 때 정확하게 발음하는 게 쉽지 않습니다. 어떻게 연습하면 좋을까요? 그 방법에 대해서는 다음 절 '말할 때 발음이 뭉개진다면'에서 소개합니다.

단모음 발음법 영상

이중모음 발음법

이중모음은 두 개의 단모음이 결합해서 나는 소리입니다. 각각의 단모음을 제대로 발음할 수 있어야 정확한 소리를 낼 수 있습니다. 다음을 보면서 각각의 이중모음이 어떤 단모음의 결합인지를 살펴보고, 정확하게 발음해보세요.

$$이 + 아 = 야$$
$$이 + 어 = 여$$
$$이 + 오 = 요$$
$$이 + 우 = 유$$
$$이 + 애 = 얘$$
$$이 + 에 = 예$$
$$오 + 아 = 와$$
$$오 + 애 = 왜$$
$$우 + 어 = 워$$
$$우 + 에 = 웨$$
$$으 + 이 = 의$$

이중모음 발음법 영상

말할 때 발음이
뭉개진다면

선배 아나운서에게 전수받은 발음 훈련 비법

딱히 잘못 말하는 것 같지는 않은데, 발음이 분명하지 않고 말소리가 뭉개지는 느낌을 주는 사람들이 있죠? 이건 대부분 모음 발음에 원인이 있습니다. 정확한 입 모양으로 모음을 발음하지 않기 때문이죠.

저는 KBS 29기 공채 아나운서로 최종 합격했습니다. 2003년 1월에 입사해 한 달 동안 신입사원 연수를 받고, 두 달에 걸쳐 아나운서실에서 교육을 받은 뒤, 4월 1일자로 KBS 제주방송총국에 발령이 났지요. 그중 아나운서실 교육을 받을 때의 일입니다.

저를 포함한 신입사원들은 여의도 KBS 본관 지하 2층에 있는 아나운서 교육장에서 선배 아나운서들로부터 종일 교육을 받았습니다. 하루는 전인석 아나운서가 강의 후에 점심을 사주셨습니다.

당시 전인석 아나운서는 〈가요무대〉를 비롯해 스포츠 중계의 진행자로 명성이 높았습니다. 어떠한 돌발 상황에서도 평정심을 잃지 않고 안정적인 톤과 편안한 발음을 유지하는 것이 전인석 선배의 장점이었습니다. 사실 스포츠 중계처럼 긴장감이 맴도는 실시간의 생방송 현장에서 안정감을 유지하기란 결코 쉽지 않습니다.

점심을 먹고 커피숍에서 신입사원 동기들과 둘러앉아 있는데 선배가 제게 물었습니다.

"석준아, 모음 훈련이라고 들어봤니?"

당시에는 단순하게 '아나운서들 사이에서 내려오는 전통적인 연습 방법인가 보다'라고 생각했는데, 지금 와서 보니 제 모음 발음이 그다지 좋지 않았던 모양입니다.

저는 그 후로 전인석 선배가 알려준 모음 훈련법을 충실히 연습했습니다. 선배가 알려준 모음 방법대로 훈련하다 보니 발음이 좋아지는 게 곧바로 느껴졌기 때문입니다.

당시 선배가 알려준 모음 훈련법을 지금도 종종 유용하게 쓰고 있습니다. 한번 같이 해볼까요?

모음만 남겨 읽는 연습

우선 이 글의 첫 단락을 다시 보며, 스마트폰의 녹음기를 켭니다. 우리가 이번에 연습할 문장입니다. 쭉 읽어볼까요?

딱히 잘못 말하는 것 같지는 않은데, 발음이 분명하지 않고 말소리가 뭉개지는 느낌을 주는 사람들이 있죠? 이건 대부분 모음 발음에 원인이 있습니다.

자 이번에는 모음 훈련을 위해 위 문장의 모든 자음을 지우고 모음만 읽습니다. 이렇게요.

아이 아오 아아으 어 아이으 아으에, 아으이 우여아이 아오 아오이아 우 애이으 으이으 우으 아아으이 이요? 이어 애우우 오으 아으에 워이이 이 으이아.

이해가 되나요? 예문에서 모든 자음을 지우고 모음만 읽으면 이렇습니다. 이렇게 모음만 읽는데, 입 모양을 크게 만들면서 모음 하나하나를 정확히 짚어 확실하게 발음합니다. 한 글자씩 띄어서 읽는 것도 좋습니다. 글자 하나하나에 집중해서 연습할 수 있으니까요.

모음만 남은 문장을 큰 소리로 세 번 읽어보기 바랍니다.

다 읽었나요? 잘하셨습니다. 그럼 이번엔 자음까지 함께 읽어보세요. 이번에도 녹음을 해보세요.

딱히 잘못 말하는 것 같지는 않은데, 발음이 분명하지 않고 말소리가 뭉개지는 느낌을 주는 사람들이 있죠? 이건 대부분 모음 발음에 원인이 있습니다.

어떤가요? 발음이 더욱 또렷해진 게 느껴지나요? 잘 안 느껴진다고요? 그럼 모음 훈련 전에 녹음한 파일과 모음 훈련을 한 후에 녹음한 파일을 연달아 들어보면서 두 문장의 발음을 비교해보세요. 어떤가요? 모음 훈련 후 좀 더 정확해진 발음에 기분이 좋으셨나요?

그렇습니다. 이렇게 모음만 따로 세 번 읽는 것만으로도 발음이 전보다 정확해졌다고 느낄 것입니다. 그럼 이대로 발음이 정확해진 걸까요? 아쉽지만 그건 아닙니다. 연습 직후여서 일시적으로 좋아진 상태일 뿐입니다.

하지만 이 연습을 매일 꾸준히 한다면 어떻게 될까요? 당연히 좋아집니다. 이번 글을 쓰면서 여러분에게 보여드리고 싶은 결과

물이기도 합니다.

방송을 하는 사람에게 정확한 발음은 꼭 갖추어야 할 기본 자질입니다. 하지만 그 자질이 방송인에게만 필요하다고 생각하지 않습니다. 제 수강생 중엔 발음 하나만 죽어라 훈련한 덕에 1년 넘게 고배를 마시던 취업에 성공한 사람이 있습니다. 밥 챙겨 먹듯 부지런히 발음 훈련을 했더니 어느덧 회사에서 발표 전문가로 거듭나 승진까지 한 사람도 있습니다.

우리 대부분은 말을 잘 못하거나 발표를 못하는 이유를 자신감이 없어서, 논리력이 떨어져서, 긴장해서라고 생각합니다. 하지만 의외로 원인은 다른 데 있는데 이를 잘 모르는 사람이 많습니다. 특히 발음이 그렇습니다. 내가 평소에 어떻게 발음하는지, 특정 발음을 잘 못하고 있지는 않은지 점검해볼 기회가 없기 때문이죠.

이제부터라도 꾸준히 모음 훈련을 해보세요. 내가 어떻게 발음하고 있는지 의식하면서 말해보길 권합니다. 한두 달 후에는 말하려는 바를 보다 더 정확하게 전달하는 사람으로 거듭날 수 있을 겁니다.

연습해볼까요?

모음 훈련하기

① 녹음기를 켜고 아래 명언을 편하게 읽어봅니다.
② 명언의 모음만 세 번 읽은 후 다시 녹음기를 켜고 명언을 읽어봅니다.
③ 녹음된 내 목소리를 들으면서 모음을 읽기 전과 후의 발음을 비교해봅니다.

연습 문장 1

누군가는 바라고 다른 누군가는 희망할 때,
또 다른 누군가는 그것을 현실로 이루어낸다. —마이클 조던

우우아으 아아오 아으 우우아으 의아아 애,
오 아으 우우아으 으어으 여이오 이우어애아.

연습 문장 2

타오르는 열망에 행동 계획까지 갖추면
이루지 못할 것이 없다. —토머스 J. 빌로드

아오으으 여아에 애오 예외아이 아우여
이우이 오아 어이 어아.

연습 문장 3

할 수 있다고 믿든, 할 수 없다고 믿든,
믿는 대로 될 것이다. —헨리 포드

아 우 이아오 이으, 아 우 어아오 이으,
이으 애오 외 어이아.

모음 훈련하기 영상

혀 짧은 소리를 고치는
간단한 방법

시옷 발음이 잘 안 되나요?

"저는 왜 '감th 합니다'라고 할까요?"

이런 고민을 하는 분이 은근히 많습니다. 별일 아닌 듯 살아가다가 어느 날 녹음된 내 목소리를 듣고서는 '아, 내 발음이 이상하네. 남들과 다르구나' 하고 깨닫거나, 누군가에게 "너는 왜 혀짧은 소리를 내?"라는 말을 듣고 충격을 받기도 합니다.

발음이 부정확한 사람들을 관찰해보면 한 가지 공통점이 있습니다. 본인 스스로는 잘못 발음하는 것을 인지하지 못한다는 점입니다. 더 정확히 말하면 맞는 발음과 틀린 발음을 구분하지 못하죠. 그래서 계속 틀리게 발음하고 있는지도 모르겠습니다.

특히 시옷(ㅅ)을 'th'로 잘못 발음하는 사람이 많은데, 이 경우 일면 귀엽게 느껴지지만 자칫 아이처럼 보이기도 합니다. 아성(兒聲)이라고 하죠. 혹시 아이 같은 말투 때문에 프로페셔널해 보이지 않는다는 말을 들어본 적이 있나요? 여러 원인이 있겠지만 대부분 'ㅅ' 발음을 잘못해서인 경우가 많습니다.

소리가 나오는 위치에 집중하는 자음 훈련

'ㅅ' 발음은 의외로 쉽게 고칠 수 있습니다. 'ㅅ'을 'th'로 발음하는 이유는 하나입니다. 혀의 위치가 잘못되어 있는 거죠. 혀의 위치를 바꾸는 것으로 쉽게 교정됩니다. 간단하죠?

'ㅅ'을 발음할 때 혀의 위치는 'ㄴ'이나 'ㄷ'을 발음할 때와 비슷합니다. 다만 'ㄴ'이나 'ㄷ'은 혀끝이 입천장에 닿지만 'ㅅ'은 근처에 갈 뿐 닿지는 않습니다. 이해가 가지 않는다면 같은 모음에 'ㄴ, ㄷ'과 'ㅅ'을 번갈아 넣어가며 발음해보세요. '나사, 너서…', '다사, 더서…' 이렇게 번갈아 천천히 발음해보면 'ㅅ'과 'ㄴ, ㄷ'이 발음되는 위치가 정확히 어떻게 다른지 알 수 있습니다.

자, 이제부터는 조금 전문적인 이야기를 해보겠습니다. 음운학적인 이야기가 재미없게 느껴질 수도 있지만, 바른 소리를 내려

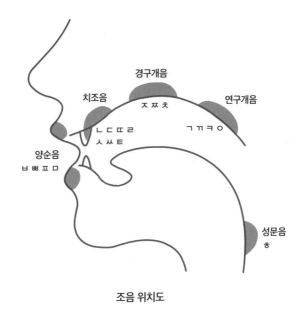

경구개음

치조음

ㅈ ㅉ ㅊ

연구개음

ㄴ ㄷ ㄸ ㄹ
ㅅ ㅆ ㅌ

ㄱ ㄲ ㅋ ㅇ

양순음

ㅂ ㅃ ㅍ ㅁ

성문음

ㅎ

조음 위치도

면 어떻게 해야 하는지 그 원리를 이해하는 데 꼭 필요한 지식이
니 잘 따라오시길 바랍니다.

우리말 자음은 소리가 만들어지는 위치에 따라 몇 가지로 나
뉩니다. 양순음(입술소리), 치조음, 경구개음, 연구개음, 성문음이
그것이죠. 소리가 만들어지는 방법의 차이에 따라 파열음, 파찰
음, 마찰음, 유음, 비음으로 나누기도 합니다. 하지만 여기에서는
소리가 만들어지는 위치에 집중해봅시다.

양순음(ㅂ, ㅃ, ㅍ, ㅁ)은 입술에서 나는 소리이고, 경구개음(ㅈ, ㅉ,

ㅊ)은 입천장의 가장 딱딱한 부분인 경구개에서 나는 소리입니다. 연구개음(ㄱ, ㄲ, ㅋ, ㅇ)은 입천장 뒤쪽의 부드럽고 말랑말랑한 부분인 연구개에서 나는 소리이고, 성문음(ㅎ)은 목구멍에서 나는 소리입니다.

'ㅏ'나 'ㅗ' 등 아무 모음이나 붙여서 자음들을 각각 발음해보면 어디서 소리가 나는지 느껴질 겁니다. 양순음은 '바뽜파모', 경구개음은 '자쪼차', 연구개음은 '가꼬카오', 성문음은 '하'. 이렇게 소리 내어 읽어보면 각각의 자음에서의 혀의 위치가 그룹별로 비슷하다는 것을 느낄 수 있을 겁니다.

'ㅅ'은 치조음에 해당합니다. 치조는 입천장의 한 부분입니다. 정확한 위치는 윗니의 뿌리 바로 위입니다. 혀로 윗니를 쓸어 올려보면 윗니가 끝나면서 툭 튀어나온 단단한 부분이 있는데 그곳이 치조입니다. 자음의 분류 중 치조음은 바로 그 치조에서 소리가 만들어지는 자음을 말합니다.

치조음에는 'ㄴ, ㄷ, ㄸ, ㄹ, ㅅ, ㅆ, ㅌ'이 있습니다. 이 자음에 'ㅏ'나 'ㅗ'를 붙여서 소리 내어 말해보세요. 혀가 치조에 닿거나 닿을 듯이 가까워졌다가 떨어지는 것을 느낄 수 있습니다.

그런데 'ㅅ'을 틀리게 발음하는 사람들은 소리를 낼 때 혀가 치조에 있지 않습니다. 앞 윗니의 뒤편에 대거나 아예 이 바깥으로 나갑니다. 앞 윗니보다 더 뒤에, 즉 치조에 있어야 할 혀가 엉뚱

하게 이 밖으로 나간 겁니다(이 경우 혀가 보입니다). 보통 이런 소
리를 '혀 짧은 소리'라고 하지만, 혀의 위치로 보면 '혀 긴 소리'라
고 해야 할 겁니다. 이 혀 긴 소리를 또 다른 표현으로는 치음이
라고도 하죠.

그러면 혀의 위치만 제대로 바로잡으면 'ㅅ' 발음을 고칠 수 있
을까요? 네, 고칠 수 있습니다. 무조건 고쳐집니다. 잘못된 'ㅅ'
발음으로 고민하던 수강생들의 발음을 고쳤던 방법을 여러분에
게도 알려드립니다.

"혀를 앞 윗니의 뿌리 쪽에 입천장이 시작되는 부분의 단단한
곳에 위치시켜봐"라는 식의 설명은 어렵습니다. 자연스럽게 감각
으로 익히려면 이미 잘 발음하고 있는 'ㄴ, ㄷ, ㄸ, ㄹ, ㅌ'을 기억
해야 합니다. 이 발음을 할 때 혀의 위치가 'ㅅ'을 발음할 때의 혀
의 위치와 같기 때문이죠. 차이라면 앞서 설명했듯 치조에 혀가
닿느냐 닿지 않느냐일 뿐입니다. 그래서 저는 강의할 때 이렇게
말합니다.

"연습하려고 하는 낱말에 들어가는 모든 'ㅅ'을 'ㄴ, ㄷ, ㄹ'로 바꿔 번갈아
가면서 연습해보세요."

역사는 '역나, 역다, 역라'로, 사랑해는 '나랑해, 다랑해, 라랑

해'로, 연습은 '연늡, 연듭, 연릅'으로 계속 바꿔서 발음해보는 겁니다. 자음을 바꿔서 발음해도 혀의 위치가 크게 변하지 않는다는 것을 염두에 두면서 계속 훈련하면 점점 'ㅅ'을 발음할 때 혀의 위치가 교정될 겁니다. 실제 제 강의를 듣는 많은 수강생이 이 방법으로 잘못된 발음을 고쳤습니다. 여러분도 연습을 통해 확실히 달라지는 것을 느껴보세요.

연습해볼까요?

'ㅅ' 발음 연습법

[나사], [너서], [노소], [누수], [다사], [더서], [도소], [두수]

자, 위의 단어를 소리 내서 읽어보세요. 이때 'ㄴ, ㄷ'과 'ㅅ'의 혀의 위치가 거의 같아야 합니다.

'ㅅ'을 'th'로 발음하는 사람들은 '사'를 발음할 때 혀가 이 밖으로 튀어나가려 할 것입니다. 그 습관이 'ㅅ'을 'th'로 발음하게 만든 이유죠. 그럴 땐 다시 한번 혀를 뒤로 잡아오세요.

이 연습을 반복한 후 익숙해지면, [사서소수스시]를 발음해보세요. 이때도 혀가 튀어나가지 않고 치조에 위치하도록 연습해보세요.

만만하게 보이는 말투
고치는 법

말끝을 흐리는 습관이 있다면

"삼촌, 제 친구들은 왜 저를 만만하게 볼까요?"

어느 날 대학교 2학년인 조카가 고민을 털어놓았습니다. 조카는 성격이 순하고 친구를 좋아해서 인기가 많았죠. 저는 평소 조카가 친구들과 어떤 식으로 소통하는지 되물었고, 조카의 대답을 듣던 중 말투에 문제가 있다는 걸 발견했습니다.

조카는 무슨 말을 하든 말끝을 흐리는 버릇이 있었습니다. 그러다 보니 자기 생각이 분명하게 전달되지 않았고, 항상 다른 친구들이 원하는 방향으로 이끌려갈 수밖에 없었죠.

예를 들면 이런 식이었습니다.

친구 1 : 오늘 점심 뭐 먹을까?

조카 : 지난번에 먹은 김치찌개도 맛있었고….

친구 2 : 요 앞에 수제버거 맛집이 생겼던데, 거기 갈까?

친구 1 : 수제버거? ○○아, 수제버거 괜찮아?

조카 : 수제버거도 괜찮지만….

친구 2 : 좋다는 거지? 수제버거 먹으러 가자!

사실 조카는 수제버거보다 김치찌개를 먹고 싶었다고 합니다. 친구 2는 수제버거를 먹고 싶었을 테고요. 그럼 둘이 조율하면 좋았을 테지만, 조카의 말끝을 흐리는 습관 때문에 조율 과정 자체가 생략되고 말았습니다. 세 친구의 대화 속에 김치찌개는 후보조차 되지 못했으니까요.

듣는 사람이 너무 눈치 없는 것 아니냐고요? 아닙니다. 우리말은 영어와 달리 서술어가 가장 뒤에 나오기 때문에 말끝을 흐리면 말하는 사람의 생각이나 의도가 정확하게 전달되지 않습니다. 오해의 소지를 낳을뿐더러 자신감 없는 사람으로 비칠 우려도 있고요.

말끝을 흐리는 습관은 직장생활에서 더 큰 문제가 됩니다. 업무를 분담하거나 보고할 때 말끝을 흐린다면 능력과 상관없이 신뢰감이 떨어질 테고, 그 결과 주도권을 가져오지 못하는 건 당연한 수순이죠. 그렇게 되면 다른 사람들이 기피하는 일을 억지로 떠맡거나, 열심히 일하고서도 성과를 인정받지 못하는 상황이 벌어질지도 모릅니다.

저는 조카의 고민을 차분히 듣고 나서 다시 물었습니다. 말끝을 흐리는 습관이 있는 것 같은데, 왜 그러는 거냐고. 조카는 이렇게 대답하더군요.

"말을 끝까지 정확하게 하면 너무 공격적으로 보이던데…"

말끝을 분명히 해도 공격적으로 보이지 않습니다. 부드러운 말투와 미소를 겸비한다면요. 부드러운 말투를 가졌지만, 분명한 발음으로 말을 끝까지 잘 이어가는 사람도 많습니다.

아나운서라는 직업군에 속한 사람들이 대부분 그렇지만 특히 이금희 아나운서나 박선영 아나운서, 이지애 아나운서가 대표적이지요. 이들의 모습을 떠올려볼까요. 말투가 공격적으로 느껴지나요? 말끝을 흐린다는 느낌도 없습니다. 따뜻하면서도 단단한 사람이라는 느낌, 절대 만만하게 볼 사람이 아니라는 느낌이 있죠. 제가 조카에게 배워보라고 일러주고 싶은 이미지이기도 합니다.

이렇게 말을 끝까지 분명하게 마치면 존재감이 확실해질 뿐 아니라 그 자체로 상당히 지적인 느낌을 줍니다. 지적인 느낌을 주는 사람을 만만하게 보는 건 어렵지요. 그러니 어디서든 내가 만만하게 보인다는 느낌이 든다면, 우선 내 말버릇이 어떤지부터 돌아봐야 합니다.

한 문장을 끝까지 정확하게 말하는 연습

이제 말끝을 흐리지 않기 위한 연습 방법을 알려드리겠습니다. 스마트폰으로 자신의 모습을 촬영하면서 해보세요.

이 순간부터 저는 모든 문장을 끝까지 정확하게 말하겠습니다.

위의 문장을 소리 내어 말해봅니다. 문장을 읽는 느낌이 아니라 누군가에게 말한다는 느낌으로 말해보세요. 나아가 외친다는 느낌, 선언한다는 느낌으로 말해보길 바랍니다. 이때 '말하겠습니다'의 '-다'까지 정확하게 발음해보세요.

수강생들에게 이 연습을 시키면 마지막의 '-다'만 강조해서 소리를 높이거나 '다아-'와 같이 말꼬리를 길게 늘이기도 합니다. 문장을 끝맺는 '-다'는 그 앞의 소리와 비교해 약간 음높이를 낮춰 말하는 게 좋습니다.

물론 예외는 있습니다. 말을 처음 시작하면서 인사할 때와 내이름을 소개할 때는 '-다'를 살짝 올려서 신나는 분위기를 만들 수도 있습니다. 하지만 일반적으로 '-다'는 음높이도 살짝 떨어트리고, 음의 길이 역시 살짝 더 짧게 해야 합니다. 그러면서도 분명하게 들릴 수 있게 정확히 발음해야 하고요.

남들에게 만만하게 보일까봐 걱정하는 분들에게 덧붙여 조언하자면, 나라는 사람이 허용할 수 있는 명확한 '선'을 스스로 생각해보라는 것입니다. 나는 누군가의 농담이나 무리한 부탁을 어디까지 허용하고, 어디서부터는 허용할 수 없는 사람인지 명확하게 인지해야 한다는 뜻입니다. 내가 어떤 사람인지 스스로 규정하고, 감내할 수 있는 선을 명확히 하는 것은 세상을 살아가는 데 상당한 도움이 됩니다.

발표가 어려워
승진 문턱에서
미끄러진다면

PPT의 신도 발표 못하면 말짱 도루묵

하루는 한 수강생이 개인적인 고민을 털어놓았습니다. 직장에서 중요한 발표를 앞두고 있는데 어떻게 해야 떨지 않고 잘할 수 있을지를요.

그분은 이미 직장에서 일을 잘한다고 인정받고 있었습니다. 그런데 딱 하나 아쉬운 부분이 있었는데, 바로 발표였죠. 발표에 자신이 없다 보니 중요한 프레젠테이션을 다른 동료들에게 부탁했고, 본인은 발표 자료를 만드는 데 공을 들였다고 합니다.

결과는 훌륭했지만, 문제는 승진이었습니다. 승진 문턱에서 번번이 미끄러진 것입니다. 다른 여러 가지 이유가 있었겠지만, 이 수강생은 프레젠테이션에 직접 나서지 못했던 것이 결정적인 이유가 아닐까 하는 생각을 떨칠 수 없었다고 합니다. 그의 부탁으로 프레젠테이션을 대신했던 동료들은 모두 승진했으니까요. 이후 그는 아무리 떨려도 발표만큼은 직접 하겠다고 굳게 결심했다고 합니다.

실제로 제 수강생들 가운데 이런 사람이 많습니다. 처음 강의를 시작할 때만 해도 저는 제 강의를 취업을 앞둔 대학생들이 많이 들을 것으로 예상했습니다. 그런데 막상 강의를 시작해보니 수강생 비율이 가장 높았던 것은 회사의 팀장님들이었습니다. 팀장으로 승진하고 나니 사람들 앞에서 말하는 일이 주요한 업무가 될 때가 많더랍니다. 스피치 능력이 본격적으로 평가받는 시점인 것이죠.

성공적인 발표를 위한 세 가지 비법

저는 중요한 발표를 앞둔 그 수강생에게 '세 가지 ㅎ 연습법'을 알려줬습니다. 함께 알아볼까요?

첫 번째 'ㅎ'은 '휴대전화를 활용한 오프닝 준비'입니다. 사실 오프닝만 잘해도 절반은 성공한 것입니다. '시작이 반이다'라는 말처럼 오프닝을 떨지 않고 계획한 대로 한다면 발표가 한결 수월해집니다. 그렇다면 오프닝은 어떻게 준비해야 할까요?

스마트폰으로 내 모습을 촬영하는 방식으로 1분 남짓 오프닝만 시뮬레이션을 해보는 겁니다. 물론 촬영만 하고 끝내서는 안 됩니다. 화면 속의 내 모습을 다시 보며 잘못된 점을 개선해야 합니다. 확인하기 두렵겠지만, 무엇이 잘못되었는지를 정확히 인지해야만 발전할 수 있습니다. 《나는 왜 남들 앞에만 서면 떨릴까?》를 쓴 정신과 전문의 윤동욱 선생님에게 배운 오프닝 멘트 연습법을 소개합니다.

1. 발표 오프닝 멘트를 하는 모습을 촬영한다.
2. 촬영한 영상을 보기 전에 내 모습이 어땠을지 종이에 스스로 예상하는 장단점을 기록하며, 셀프 평가를 내린다.
3. 촬영한 영상을 확인한다.
4. 촬영한 영상을 보고 나서 새로운 종이에 다시 장단점을 적으며 스스로 평가한다.
5. 2번 종이와 4번 종이에 적힌 나의 장단점을 비교한다.

2번과 4번의 셀프 평가지를 비교하면 2번이 4번보다 나쁘게 나오는 경우가 많습니다. 우리 스스로 자신의 발표 모습을 실제보다 나쁘게 예상한다는 뜻입니다.

종이에 적을 때는 단점 외에 장점도 반드시 적어야 합니다. 단점을 찾아 고치는 것도 중요하지만, 자신의 장점을 더 돋보이게 할수록 성공할 확률이 높아지기 때문입니다.

재미있는 사실은 이 작업을 통해 내 발표 모습이 생각보다 꽤 괜찮다는 걸 깨닫게 된다는 점입니다. 발표에 자신이 없는 분들 중 상당수는 자기 모습을 실제 모습보다 더 낮게 평가하는 경향이 있습니다. 머릿속으로 평가했을 때가 실제로 자신의 스피치 영상을 보고 평가했을 때보다 더 나쁜 거죠.

이런 현상은 실제 발표할 때도 마찬가지입니다. 남 보기에 곧잘 발표를 하는데도 '앞부분을 망친 거 같은데?', '지금 내 말이 꼬인 거 같은데?'라는 생각으로 스스로를 더 긴장하게 만듭니다. 후반부로 갈수록 당연히 위축될 수밖에 없겠지요. 이때 충분한 준비로 오프닝을 만족스럽게 해낸다면 남은 발표를 조금 더 자신감 있게 할 수 있습니다.

셀프 평가를 최소 열 번 이상 반복한다면 어느덧 단점은 보완되고 장점은 강화된 자신의 모습을 발견할 수 있을 겁니다. 내 모습을 여러 번 모니터링했기에 표정도 한결 부드러워질 테고요.

두 번째 'ㅎ'은 '흐름 잡기'입니다. 발표를 잘하겠다고 대본을 써서 외우는 사람이 꽤 있습니다. 결과는 어떨까요? 십중팔구 발표를 망칩니다. 이유는 단순합니다. 아무리 그럴싸하게 대본을 마련해도 그 멘트는 문어체에 가깝기 때문입니다. 직접 말로 했을 때 어색하게 들릴 수밖에 없죠. 말이 어색한데 내용이 제대로 전달될 리 없습니다. 또 다른 문제는 애써 외운 대본을 잊어버릴 경우, 당황한 나머지 아무것도 생각나지 않는 불상사가 발생한다는 점입니다. 발표를 망치는 것은 당연하겠죠.

대본을 쓸 게 아니라 흐름을 잡아야 합니다. 자료를 보고 '이 자료를 어떤 식으로 설명해야 사람들이 잘 알아들을까?'를 고민하면서, 전체적인 맥락을 잡는 거죠. 발표에서 가장 중요한 핵심 키워드를 뽑아보는 것도 좋습니다. 예를 들어 '오늘 발표에서 A로 말을 시작한 후에 B로 들어가서 C로 이어간 후 D를 설명하고 다시 A로 끝내면 되겠다' 이렇게 계획을 세우세요. 그런 다음 A, B, C, D라는 각각의 키워드에 살을 붙이는 연습을 합니다.

이 과정을 스마트폰 카메라로 녹화하면서 여러 번 연습해야 합니다. 내 모습이 실제로 어떻게 비칠지 머릿속으로 상상만 하지 말고 직접 눈으로 확인하고 교정하는 과정을 거쳐야 한다는 뜻입니다. 이런 식으로 훈련하면 청중이 잘 알아듣는 좋은 발표를 할 수 있게 됩니다.

세 번째 'ㅎ'은 '호흡 고르기'입니다. 어려운 자리일수록, 중요한 발표일수록 더욱 긴장하게 마련입니다. 긴장하면 말이 빨라지지요. 내 말이 빨라진다고 느껴질 때 즉각적인 해결책은 호흡 고르기입니다. 남들이 눈치채지 못하게 살짝 한숨 쉬듯이 숨을 내뱉는 거죠. 야생마를 세우려면 고삐를 잡아채야 하는 것처럼 달리는 내 말을 세우려면 호흡을 조절해야 합니다. 호흡 조절에 대해서는 뒤에서 자세히 설명하겠습니다.

그런데 긴장하면 내가 말이 빨라지는지도 깨닫지 못할 수 있습니다. 그렇다면 내 상태를 어떻게 알 수 있을까요? 다음의 세 가지 현상이 생기기 시작하면 내 말이 빨라지고 있다고 생각하면 됩니다.

1. 청중이 못 알아듣겠다는 표정을 짓는다.
2. 발표하는 중에 말이 계속 꼬인다.
3. 발음이 뭉개지는 횟수가 빈번하다.

이런 현상이 나타나면 즉시 숨을 한 번 고르세요. 그렇게 해서 다시 말의 흐름을 잡아와야 합니다. 무작정 내달리는 말의 고삐를 잡아채듯 말입니다.

긴장해서 말이 빨라진다면
호흡의 고삐를 당겨야 합니다.
짧은 한숨 같은 호흡을 내쉬세요.

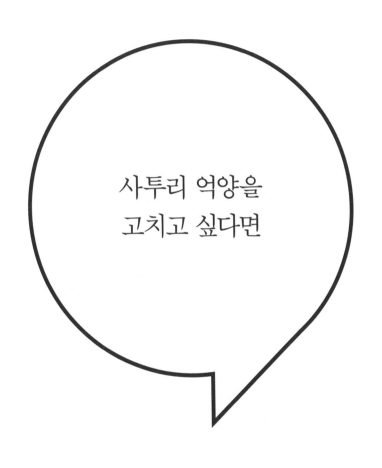

사투리 억양을
고치고 싶다면

서울살이 10년 차도 고치기 어려운 사투리 억양

"저는 서울말만 쓰면 놀림 받아요."

지방에서 올라온 한 수강생의 고민은 말투였습니다. 서울에서 살다 보니 저절로 표준어를 쓰게 됐는데, 본가에 갈 때마다 말투 때문에 놀림을 받는다는 것이었습니다. 사실 그 고민을 듣고 제가 이해할 수 없었던 것은 그 친구가 쓰는 표준어였습니다. 본인은 표준어를 구사한다고 생각하겠지만, 사투리 억양이 아주 심했기 때문이죠. 심지어 고향 친구들에게 표준어를 쓴다며 놀림을 받는 상황이라니….

사투리를 고치는 건 생각보다 어렵습니다. 단어 자체가 다른 경우라면 배워서 익히면 그만이지만, 억양을 고치는 건 무척 힘든 일입니다. 지방에서 상경해 20년 넘게 서울살이를 한 제 지인은 사투리를 고치려고 학원까지 다녔지만 결국 실패했습니다. 서울말도 사투리도 아닌 제2의 우리말(?)을 쓰는 그를 볼 때마다 안쓰러운 마음이 들곤 하죠. 단언컨대, 만약 주변에 사투리를 고친 분이 있다면, 그분이 정말 대단한 겁니다.

하루 한 문장씩 평조 연습

이렇게 어려운 일임에도 사투리를 고치고 싶다는 분들을 위한 솔루션이 있습니다. 바로 '평조 연습'입니다. 평조 연습은 사투리 억양을 가졌거나 어조에 특유의 버릇이 있는 사람들에게 효과적입니다. 그럼 이 연습을 위한 기초 이론을 알려드릴게요.

모든 글자에는 소릿값이 있습니다. 이를 '음가'라고 하죠. 모든 글자의 음가를 모두 동일하게 내는 것이 평조입니다. 예를 들어 "나는 말을 잘하기 위해 매일 스피치 연습을 합니다"라는 문장을 읽어봅시다. 평조 연습이란 '나'와 '는'을 똑같은 음높이와 똑같은 음량, 똑같은 길이로 발음하는 겁니다. 이런 식으로 모든 글자 하나하나를 똑같은 음가로 문장 끝까지 소리 내어 말합니다. 이를 이미지로 보여주면 다음과 같습니다.

1부 이것만 바꾸면 당신의 말이 달라집니다

나-는- 말-을- 잘-하-기- 위-해- 매-일- 스-피-치- 연-습-을- 합-니-다.

———————————————————————————————→

이를 녹음해서 들어보면 마치 주문을 외우는 것 같습니다. 네비게이션에서 들리는 AI의 말투와 흡사하죠.

글자 각각의 음가를 모두 똑같이 하는 게 핵심입니다. 하루에 한 문장이라도 이 연습을 하다 보면 내 말의 이상한 억양과 어조(흔히 말투라고 하는데, 아나운서들은 어조를 줄여서 '죠'라고 말하기도 합니다. "네 말에는 어색한 '죠'가 있다." 이런 식으로요)를 고칠 수 있습니다.

특이한 '죠'에는 뭐가 있을까요? 멋있게 말하려는 의도로 말을 시작하기 전에 '음'이란 말을 붙이는 사람이 있습니다. 이들은 어떤 생각 끝에 자연스럽게 '음'을 말하는 게 아니라 "음, 오늘은 한식을 먹읍시다"처럼, 습관적으로 "음" 혹은 "으"라며 말을 시작하죠. 아마 주변에 몇몇 떠오르는 분이 있을 겁니다.

비슷하게 멋부리려는 습관으로는 조사를 끌면서 음을 올렸다 내렸다 하는 습관도 있습니다. 예를 들어 "오늘은"을 말할 때 음을 올렸다 내렸다 하며 "오늘으으은"이라고 말하는 거죠. 정치인들이 연설할 때 이런 경향을 많이 보입니다.

오늘은
⌐→

이런 습관은 모두 '정확한 발음으로 말하기'에는 도움이 되지 않습니다. 어쩌다 한 번 강조하고 싶을 때 사용하는 것이라면 멋져 보일 수도 있지만, 이런 습관을 지닌 사람들은 대부분 모든 조사를 올렸다 내렸다 하거나 문장을 시작할 때마다 '음'을 붙입니다.

제가 예로 든 사례를 보고 '혹시 내 이야기가 아닐까?' 하는 의심이 든다면 이제부터 매일 한 문장씩만이라도 평조 훈련을 해보세요.

연습해볼까요?

평조 훈련하기

아래 글을 평조를 살려서 읽어볼까요?

> 턱을 당기고, 머리는 높이 드세요. 당신이 되고픈 유능하고 진실되고 능력 있는 사람을 머릿속에 그려보세요. 그러면 당신이 가지고 있는 그 생각이 매시간 당신을 그런 사람이 되도록 만들어줄 것입니다. 생각이 가장 중요합니다. 올바른 정신적 태도를 유지하세요. 올바른 정신적 태도란 용기 있는 태도, 솔직한 태도, 유쾌한 태도입니다. 당신은 당신의 마음이 간절히 바라는 그런 사람이 될 것입니다.
>
> ─앨버트 하버드, 미국 작가

어떤가요? 평조에 대한 느낌이 오나요?

평조 훈련은 중요한 부분을 제대로 강조하기 위해 선행되어야 할 연습입니다. 잘못된 습관 때문에 엉뚱한 단어나 문장을 강조하게 되면 전달력이 떨어지기 때문이죠.

평조 훈련하기 영상

같은 말도 찰지게 하는
사람들의 비밀

발음도 좋고 목소리도 좋은데, 매력이 없는 이유

후배 중에 외모도 훌륭하고 목소리도 좋은 친구가 있습니다. 좋은 발성과 정확한 발음을 구사하면서도 끊임없이 노력한 덕에 말하기 실력이 나날이 좋아지고 있죠. 하지만 그의 말하기에는 어쩐지 매력이 없습니다.

이 친구의 문제는 말이 평면적이라는 것입니다. 말에 맛(느낌)이 없다고 할까요. 어떠한 내용을 전달하고자 할 때, 자신의 말이 청자에게 어떻게 느껴질지를 고려하지 않은 듯 들립니다. 무엇을 강조하는 건지, 말하고자 하는 핵심이 뭔지, 누구를 설득하겠다는 건지 등 말하려는 의도가 불분명하게 느껴지죠.

사실 이 친구의 말을 글로 옮긴다면 아무런 문제가 없습니다.

지금 우리는 상암동으로 가야 합니다.

여러분이라면 이 말을 어떻게 표현하겠습니까? 우선 좋은 말하기의 기본은 평조라는 점을 기억하길 바랍니다. 앞서 우리는 평조에 대해 배웠습니다. 평조는 말의 기본기를 다지기 위한 전제 조건입니다. 하지만 일상 대화에서 평조만 쓴다면 어떨까요? 마치 AI가 말하는 것처럼 무미건조하게 느껴질 겁니다. 아무런 감흥도 호기심도 불러일으킬 수 없겠죠.

우리는 평소에 대화를 할 때 두 가지 방법으로 말에 변화를 줍니다. 하나는 음의 높낮이, 다른 하나는 음의 길이입니다. 이런 변화를 없앤 것이 평조이고, 말맛을 살리려면 이런 변화를 필요한 곳에 적절하게 넣어야 합니다. 이렇듯 작은 변화로 말맛을 가미하면, 말에 입체감이 생기고 강조하고 싶은 말에 힘이 실립니다. 상대방에게 내 의도를 분명하게 전달할 수도 있죠.

지금 우리는 상암동으로 가야 합니다.

이 문장은 상황에 따라 다른 의미로 해석될 수 있습니다. 내일이 아니라 '지금' 가야 한다는 뜻일 수도 있고, 너희가 아니라 '우리'가 가야 한다는 뜻일 수도 있고, 여의도가 아니라 '상암동'으로 가야 한다는 뜻일 수도 있습니다. 앞뒤 대화의 문맥에 따라 뜻이 달라지죠.

말맛을 살리는 강조법

말맛을 살리면 이런 숨은 뜻, 즉 내가 강조하려는 바를 정확히 전달할 수 있습니다. 말맛을 살려서 강조하는 방법에는 다음 세 가지가 있습니다.

1. 크게 말하기
2. 천천히 말하기
3. 잠깐 쉬었다가 말하기

1번과 2번은 예상했겠지만, 3번을 예상하신 분은 많지 않을 겁니다. 우선 1번부터 볼까요?

지금 우리는 상암동으로 가야 합니다.

위의 문장에서 '우리는'을 다른 단어보다 크게 말하면 어떨까요? '우리는'이 강조되면서 '다른 사람이 아닌 우리가 가야 한다'라는 뜻이 명확하게 전달됩니다. 한번 소리 내서 읽어볼까요? 조용한 장소라면 속삭이듯 말해도 좋습니다. 그렇게만 해도 어떤 차이가 있는지 분명하게 느껴집니다.

이번에는 2번 방법으로 '우리는'을 천천히 말해봅시다.

지금 우-리-는 상암동으로 가야 합니다.

보통 강조할 때는 '크게 말하기'를 많이 씁니다. 그렇다면 '천천히 말하기'는 언제 사용할까요? 듣는 사람이 잘 모를 것 같은 생소한 말을 처음으로 전해야 할 때(예를 들어 낯선 고유명사를 처음 언급할 때) 주로 사용합니다. 사람들이 잘못 알아들을 가능성을 낮추는 역할을 하지요.

그럼 '잠깐 쉬었다가 말하기'는 어떤 역할을 할까요? 다음 절 '말맛을 살리면서 힘 있게 말하는 법'에서 마저 설명하겠습니다.

표현력이 좋은 사람은
강조하고 싶은 단어에 적절한 변화를 줘서
말에 생기가 돌게 합니다.

말맛을 살리면서
힘 있게 말하는 법

일시 정지가 효과적일 때

자, 우리는 앞에서 두 가지 강조법을 배웠습니다. 잠깐 복습해 볼까요?

첫 번째는 '강조할 단어를 크게 말하기', 두 번째는 '강조할 단어를 천천히 말하기'입니다. 이제 마지막 세 번째 '잠깐 쉬었다 말하기'에 대해 설명하겠습니다. 잠깐 쉬었다 말하는 것을 '포즈를 준다'라고 하는데, 포즈(pause)는 일시 정지를 뜻합니다.

지금 ∨ 우리는 상암동으로 가야 합니다.

위의 문장을 읽을 때 '지금'과 '우리는' 사이에서 잠시 쉬어줍니다. '우리는'을 크게 말하거나 천천히 말하지 않고 그저 앞에서 잠시 쉬어주는 거죠. 직접 소리 내서 읽어보세요. 좀 더 이해하기가 쉬울 겁니다. 포즈도 마찬가지로 의미를 명확하게 전달해야 하거나 문맥에 맞게 띄어 읽어야 할 곳에서 사용합니다. 의미에 따라 포즈를 주기도 하지요.

전달력을 극대화하는 강조법

자, 이렇게 세 가지 강조법에 대해 알아보았으니 이번에는 좀 더 고급 스킬을 배워볼까요? 일명 콤비네이션입니다. 세 가지 강조법 중 두 가지를 섞어 사용해 임팩트를 주는 거죠.

1+2. 크고 천천히 말하기
지금 우-리-는 상암동으로 가야 합니다.

1+3. 잠깐 쉬었다가 크게 말하기
지금 ∨ 우리는 상암동으로 가야 합니다.

2+3. 잠깐 쉬었다가 천천히 말하기
지금 ∨ 우-리-는 상암동으로 가야 합니다.

위의 문장을 각각의 방법에 따라 소리 내어 읽어보세요. 모두 좋은 방법이지만 사람마다 각자 더 어울리는 방법이 있습니다. 그중 자신에게 가장 잘 맞는 방법이 무엇인지 찾아보기 바랍니다. 그렇게 해야 실제로 대화나 발표에서 전달력을 높일 수 있게 됩니다.

제가 선호하는 방법은 '2+3', 즉 잠깐 쉬었다가 천천히 말하기입니다. 제가 출연 중인 프로그램 〈프리한19〉처럼 많은 정보를 전달할 때 효과적입니다.

잠깐 쉬었다 말하는 포즈는 특히 어떤 말을 강조하는 데 탁월한 효과가 있지만, 그 자체로 말맛이 생기기도 하고 좀 더 여유 있는 느낌을 주기 때문에 아나운서들이 많이 사용합니다.

포즈는 방송 진행이나 발표에서만 유용한 것이 아닙니다. 회의와 같이 여럿이 모인 자리에서 자신의 의견을 말할 때도 막강한 힘을 발휘할 수 있습니다. 누군가 제게 "어떻게 하면 내 의견을 잘 전할 수 있을까요?"라고 묻는다면 저는 주저하지 않고 "포즈를 사용해보세요"라고 대답할 것입니다.

물론 쉬운 기술은 아닙니다. 아무리 알려줘도 누구나 잘 사용하는 건 아니더라고요. 그러나 사용법을 정확히 익히면 여러분의 말은 지금보다 훨씬 더 강력해질 겁니다. 그러니 저를

강조법 예시 영상

믿고 포즈를 사용해보세요. 말이 끊길까봐 걱정하지 마시고, 충분히 쉬면서 말해보세요.

May pause be with you.

연습해볼까요?

강조 훈련하기

다음 원고를 앞에서 배운 세 가지 강조법 1. 크게 말하기, 2. 천천히 말하기, 3. 잠깐 쉬었다가 말하기를 활용해서 읽어봅시다.

> 주위를 둘러보면 가까이하고 싶지 않은 사람이 있습니다. 어떤 경우엔 나만 이런 게 아니어서 누구도 그 사람과 가까이하고 싶어 하지 않기도 합니다. 그 사람의 어떤 부분이 문제일까 생각해보면, 그 사람의 말투의 문제일 때가 많습니다. 아주 사소한 한 가지 습관으로도 사람들이 함께하고 싶어 하지 않는, 대화를 꺼리는 사람으로 찍히기도 합니다.

위의 글에서 여러분은 어디를 강조해서 읽으셨나요? 저는 다음의 방법을 활용해 두 부분을 강조해보았습니다.

① 1+2. 크고 천천히 말하기

가-까-이- 하고 싶지 않은 사람

② 2+3. 잠깐 쉬었다가 천천히 말하기

∨말-투-의 문제

강조법을 활용하면 같은 내용이더라도 훨씬 더 임팩트 있게 들립니다.
다음 QR코드 영상을 통해 여러분이 강조한 부분과 제가 강조한 부분을 비교해보
세요.

강조 훈련하기 영상

1부 이것만 바꾸면 당신의 말이 달라집니다

의미를 명확하게 전달해야 할 때
잠깐 쉬었다가 말하는 포즈를 사용해보세요.
말맛이 살면서 힘 있게 전달됩니다.

나에게 맞는
말하기 속도를 찾는 법

아나운서는 5분 동안 몇 개의 뉴스를 전달할까?

말을 잘하려면 말의 속도가 빨라야 할까요, 느려야 할까요? 목적에 따라 다릅니다. 제한된 시간에 많은 정보를 전달해야 하는 뉴스 프로그램의 아나운서라면 발음을 포함한 전달력(듣는 사람에게 내용을 전달하는 힘)이 유지된다는 전제 아래 빠르게 말하는 것이 좋습니다. 정해진 시간 안에 더 많은 정보를 전달할 수 있으니까요.

아나운서에게 가장 중요하고 기본적인 임무 중 하나는 라디오 뉴스 진행입니다. 라디오 뉴스에서는 일정한 시간 안에 얼마나 많은 정보를 전달하느냐가 관건이지요.

5분짜리 뉴스에서 어떤 아나운서는 5분 동안에 10개의 뉴스를 전달하고, 어떤 아나운서는 12개를 전달한다면 누가 더 잘한 것일까요? 국민의 소중한 전파를 더 알차게 사용한다는 측면에서 12개를 전달하는 아나운서가 더 훌륭하게 일을 해냈다고 할 수 있습니다. 물론 여기에는 12개를 '잘' 전달한다는 전제가 붙습니다.

하지만 일반인이라면 어떨까요? 아나운서처럼 정확한 발음으로 빠르게 말을 할 수 없다면 차라리 느린 게 낫다고 말하고 싶습니다.

근본적인 이유는 신뢰감 때문입니다. 대부분의 경우 말이 빠른 사람보다 말이 느린 사람이 더 신뢰감을 줍니다. 말이 느리면 발음이 명쾌하게 들릴 뿐 아니라 상대적으로 여유 있어 보입니다. 말의 뜻이 더 잘 전달되기 때문에 설득하기도 쉽습니다.

가끔 말이 너무 빠른 사람을 보면 숨 좀 쉬면서 말하면 좋겠다는 생각이 듭니다. 한 번에 알아듣기가 어려워 이미 지나간 말을 곱씹게 되기도 하고요. 듣는 사람에게 이런 느낌을 준다면 말을 빨리하는 건 아무 소용이 없습니다. 제대로 알아듣지 못할 뿐만 아니라 듣는 행위 자체가 부담스러워 집중하지 못할 테니까요.

반대로 말이 너무 느린 경우에는 답답합니다. 이런 사람들을 가만히 살펴보면 쓸데없고 의미 없는 말을 습관적으로 덧붙이기도 합니다. "어…", "음…", "사실은…", "말하자면…" 등등 무의미한 입버릇을 반복하는 거죠. 말의 속도를 개선하기 전에 바로잡아야 할 좋지 않은 습관입니다.

말 잘하는 사람들의 말하기 속도

적정한 말의 속도는 말을 하는 목적에 따라 다르지만, 전달하려는 바를 제대로 표현할 수 있는 나만의 최적의 속도를 자각하고 있어야 합니다.

하지만 내 말의 속도가 적정한지, 내게 알맞은 속도인지 판별하기란 쉽지 않습니다. 그래서 원고를 준비했습니다. 다음 예문을 보면서 내 말의 속도가 어떤지 알아볼까요?

위기가 닥칠 때 우선 머릿속으로 세 가지 질문을 합니다.
'이 일이 일어난 이유는 무엇인가?'
'지금 이 일이 우리에게 가르쳐주는 것은 무엇인가?'
'이 일이 기회가 되려면 나는 무엇을 해야 하는가?'
위기의 본질을 살피고, 위기에서 배울 수 있는 점을 생각한 후 위기를 기회로 만들 실험을 합니다. 수없이 많은 가설을 세우고 검증하다 보면, 위기를 극복하고 오히려 성장할 수 있는 방법을 찾을 수 있습니다.

평소 말하는 속도로 이 원고를 소리 내어 읽어보세요. 동시에 휴대전화의 스톱워치 기능을 켜고 원고를 읽는 데 걸리는 시간을 확인하세요.

읽어보았나요? 여러분의 말하기 속도는 아래 분류표의 어디에 속하나요?

26초 이내 ─ 매우 빠름

27~30초 ─ 약간 빠름

31~34초 ─ 보통

35~37초 ─ 약간 느림

38초 이상 ─ 매우 느림

26초 이내 혹은 38초 이상이더라도 여러분의 말하기가 잘못된 것은 아닙니다. 매우 빠르거나 매우 느려도 매력적으로 들리는 사람은 있으니까요. 제가 소개한 이 기준은 어디까지나 일반론입니다.

만약 자신의 말의 속도가 예상보다 느리거나 빠를 경우, 앞의 원고를 읽으며 녹음해보길 권합니다. 제3자의 목소리라고 생각하면서요. 주변 사람들에게 들려주면서 설문조사 하듯이 물어보는 것도 좋습니다.

저는 29초 정도 걸립니다. 아나운서 평균보다 조금 **빠른** 편이죠. 누군가가 29초보다 덜 걸렸다면 저보다 말이 빠르다고 할 수 있겠죠. 그런데 저보다 말이 빠르다면 대부분은 발음이 뭉개지거나 무슨 말인지 확실하게 들리지 않을 것입니다. **빠른** 속도에도 제대로 의미를 전달하려면 발성이나 강조와 같은 말하기 스킬을 충분히 갖추고 있어야 하는데, 대부분의 사람은 그런 스킬을 체화하고 있지 않기 때문입니다.

각설하고, 이 원고를 읽는 데는 일반적으로 31~34초 정도 걸리는 것이 좋습니다. 그 정도의 속도일 때 설득력이 있을 거고요. 어쩌면 스스로 조금 느리다고 느껴지는 속도가 남이 들었을 때는 더 듣기 좋은 속도입니다.

연습해볼까요?

매력적인 말하기 속도 찾기

① 스톱워치를 작동시킨 상태로 아래의 원고를 읽어봅니다.
② 원고를 읽는 데 걸리는 평균 시간을 기록합니다.
③ 다시 들어보면서 너무 빠르거나 느리지는 않은지 확인합니다.
④ 최대한 매력적으로 들리는 나만의 자연스러운 속도를 찾아봅니다.

월요일인 1일 아침 기온이 영하 5도까지 떨어지면서 추운 날씨를 보이겠습니다. 전북을 포함한 일부 지역에는 많은 비가 내릴 것으로 전망됩니다. 기상청은 서울 아침 최저기온이 영하 5도가 될 것으로 전망된다고 밝혔고 전국에 바람이 강하게 불어 체감 온도는 더욱 낮을 것이라고 예상했습니다. 미세먼지 농도는 전국적으로 '좋음' 수준으로 예상됩니다. 바다의 물결은 동해 앞바다에서 0.5에서 3.5미터, 서해 앞바다는 1.0에서 3.0미터로 일겠습니다.

⊙ 말하기 속도 분류표

30초 이내 — 빠름
34 ~ 35초 — 보통
40초 이상 — 느림

1부 이것만 바꾸면 당신의 말이 달라집니다

날짜	읽는 데 걸린 시간
	초
	초
	초
	초
	초
	초
	초
	초
	초
	초

말하기 속도 영상

나에게 맞는 말하기 속도를 찾는 법

긴장해서
말이 빨라진다면

초보 아나운서의 치명적 단점

대부분의 사람은 긴장하면 말이 빨라집니다. 아나운서가 직업인 저 역시 마찬가지입니다.

KBS에 입사한 지 2년여쯤 지났을 무렵입니다. 그동안 뉴스 프로그램 등을 통해 아나운서로서의 경험을 쌓았지만, 스스로를 '방송인'이라고 하기에는 한참 모자랄 때였죠. 그런 제게 갑자기 큰 프로그램 MC 역할이 세 개나 들어왔습니다. 메인 진행자 역할은 처음이라 세 프로그램 모두 벅찼지만, 특히 힘들었던 건 〈우리말 겨루기〉였습니다.

퀴즈 프로그램은 특성상 MC의 역할이 다른 프로그램보다 훨씬 중요합니다. 우선 퀴즈의 내용과 정답을 제대로 이해하고 있어야 하고, 진행하는 중간중간 시청자들이 이해하기 쉽게 설명해줘야 합니다. 여기에다 출연자들은 물론이고 응원하는 가족과 지인들, 현장을 지켜보는 방청객들, 시청자 모두의 심리 상태를 예측하고 있어야 합니다. 그래야 긴장감을 유지하는 중에도 적절한 인터뷰를 끌어낼 수 있기 때문이죠.

메인 진행자로서 첫 무대에 섰을 때의 모습이 아직도 기억이 생생합니다. 참 어려웠죠. 일단 퀴즈를 완전히 이해하는 것부터가 쉽지 않았습니다. 첫 녹화 후 저는 완전히 좌절했습니다. 누가 해도 이렇게 어려운 건지, 제가 초보라 더 어려운 건지 도무지 감을 잡을 수 없었죠.

심지어 짚고 넘어가야 할 멘트를 놓치는 바람에 녹화를 끊어야 하는 사태까지 벌어졌습니다. 설상가상으로 저는 많은 사람들 앞에서 미숙함을 들킨 것 같아 더 긴장하며 버벅거렸습니다. 꽤나 힘든 나날이었지요.

나아지고 싶었습니다. 부족한 점을 보완하기 위해 매일 모니터링에 총력을 기울였습니다. 그러던 중 제 진행에서 치명적인 단점을 발견했습니다. 그건 바로 긴장하면 말이 빨라진다는 거였죠. 붉어진 얼굴로 애써 마음을 다잡으려니 발음은 꼬이고 시선 처리가 불안정했습니다. 맞습니다. 제게도 그런 시절이 있었습니다.

긴장해서 말이 빨라지면 신뢰감을 주기 어렵습니다. 퀴즈 프로그램의 MC는 신뢰감이 가장 중요한데, 말이 빨라지다 보니 저는 이 중요한 점을 놓치고 말았지요. 초보 MC가 긴장하는 것을 막을 수는 없더라도 긴장감을 다스릴 필요는 있었습니다.

현장에서 활용 가능한 속도 조절법

긴장해서 말이 빨라진다면 어떻게 하는 게 좋을까요? 우선 스스로 말이 빨라지고 있다는 것을 알아차려야겠죠. 발음이 꼬이거나 숨이 차는 것으로 판단할 수 있습니다. 이 두 가지 현상 가운데 하나라도 나타난다면 '아, 내가 지금 말이 빠르구나' 하고 판단하면 됩니다.

그다음 해결책은 말의 고삐를 당기는 겁니다. 승마를 하고 있다고 가정해볼까요? 내가 타고 있는 말이 갑자기 자기 흥에 겨워서 달려나가기 시작하면 우리는 어떻게 해야 할까요? 속도를 줄이거나 이 말의 흥분을 가라앉혀야 합니다. 그럴 때 우리는 타고 있는 말의 고삐를 잡아챕니다. "워워" 하고 멈추라는 신호를 보내는 거죠.

말하기도 이와 같습니다. 긴장해서 말의 속도가 빨라진다면 고삐를 잡아채면 됩니다. 이때 고삐는 호흡입니다. 말이 빨라지고 있다는 것을 느꼈을 때 심호흡을 하는 거죠. 한 박자 쉬는 것입니다. 충분히 쉬어도 1~2초 사이입니다. 이 정도는 청중이 눈치채지 못합니다. 그러니 망설이지 말고 호흡이라는 고삐를 당겨 긴장한 나 자신에게 진정할 여유를 주길 바랍니다.

전해야 할 내용이 많아서 급한 마음에 말이 빨라질 때도 있습니다. 주어진 발표 시간은 15분인데, 자료를 준비하고 발표를 연습해보니 아무리 말을 빨리해도 15분 안에 마치기 어렵다면 어떻게 해야 할까요? 일반적으로 어떻게든 준비한 말을 다 하려고 점점 말을 빠르게 합니다.

하지만 이 방법은 절대 권하지 않습니다. 15분 내에 발표를 다 했더라도 청중이 이해하지 못했을 것이 자명하므로 좋은 발표로 기억되긴 어렵습니다. 스피치의 목적은 내가 하고 싶은 말을 남김없이 하는 게 아니라, 내가 하고자 하는 말을 잘 전달하는 것이기 때문입니다.

이럴 땐 차라리 내용을 줄이는 편이 낫습니다. 선택과 집중을 하는 거죠. 실전에서 발표를 하다 보면 말은 조금씩 더 길어집니다. 그래서 주어진 시간이 15분이라면 실제로 준비해야 하는 시간은 12~13분 정도라고 봐야 합니다.

발표 시간은 끝나가는데 준비한 내용이 많이 남아 있으면 어떻게 해야 할까요? 아깝더라도 2~3분가량의 내용을 날려야 나머지 내용을 설득력 있게 전달할 수 있습니다. 만약 경쟁 프레젠테이션 상황이라면 그렇게 했을 때 프로젝트를 따낼 확률도 더 높을 것입니다.

말하기 전
자신감을 높이는 방법

남 앞에서 말하기 전 주눅드는 진짜 이유

얼마 전부터 저는 '스피치살롱'을 운영하고 있습니다. 말하기에 자신이 없는 사람들에게 스피치를 연습할 무대를 마련해주기 위해 기획된 프로그램입니다. 스피치살롱에서는 책 한 권을 읽고 느낀 점을 '3분 스피치'로 발표합니다. 낯선 사람들 앞에서 발표를 해야 하니 무척 떨리면서도, 말을 잘하기 위해 모인 사람들이기 때문에 서로가 응원하는 마음으로 서툴지만 열심히 참여하지요.

하루는 참석자들과 함께 '남 앞에서 말할 때 자신감을 키우는 법'에 관해 이야기를 나누었습니다. 그중 한 참석자의 의견이 인상적이었습니다.

"저는 발표를 해야 하거나 중요한 미팅을 앞두고 긴장이 심해지면 스스로에게 해줄 만한 사소한 칭찬거리를 찾아요. 잘 해내야 한다는 압박감에 짓눌려 주눅이 들다가도 저를 칭찬하는 말들을 반복해서 떠올리다 보면 힘이 나거든요."

'밥 잘 먹었구나. 잘했어', '잠 잘 잤구나. 잘했어', '샤워도 했구나. 잘했어' 같은 말이 칭찬이 된다고 생각하는 사람이 얼마나 될까요? 하지만 이것도 칭찬입니다. 또한 이런 소소한 셀프 칭찬이 거듭되면 어느덧 스스로를 믿는 힘, 즉 '자기 확신'이 굳건히 자리잡게 됩니다. 이보다 더 중요한 것은 칭찬은 칭찬의 강도가 아닌, 칭찬의 횟수로 카운트된다는 점입니다.

"의대에 합격했구나. 축하해!", "취업 축하해. 연봉이 엄청 높다며?"처럼 특별한 성취에 대한 일회성 칭찬보다는 일상에서 조금 더 나아진 소소한 일들을 놓치지 않고 칭찬해주는 것이 오히려 힘을 발휘한다는 뜻입니다.

그런 의미에서 내가 나에게 하는 칭찬은 더욱 중요합니다. 나의 소소한 칭찬에도 상대방이 그렇게나 힘이 나는데, 이 좋은 일을 왜 내게는 하지 않는 걸까요?

칭찬받을 일 없는 각박한 세상에서 내가 나를 칭찬해주지 않으면 어디서 힘을 얻을 수 있을까요? 다른 사람도 중요하지만 가장 중요한 건 나 자신입니다. 그러니 나를 먼저 칭찬해보는 습관을 길러보세요. '오늘도 제시간에 잘 일어났구나. 대단해!', '피곤

한데도 운동을 빼먹지 않았네. 곧 건강해지겠어!'라고 스스로를 칭찬해보십시오.

남 앞에서 말하는 게 자신이 없는 사람이라면 나를 칭찬하는 일에 특히 더 노력해야 합니다. 스스로에게 엄격한 사람일수록 타인 앞에서 나를 표현하는 일이 어렵게 느껴지거든요. 말하기의 기본은 자신감이고, 그 자신감은 평소 내가 나 자신을 어떻게 대하는가에 따라 좌우됩니다. 스스로에게 하는 칭찬이 중요한 진짜 이유입니다. 칭찬은 오로지 횟수로만 기억된다는 걸 기억하면서, 자주 나를 칭찬해보길 바랍니다.

내 안의 비판자를 조력자로 만들어라

이금희 아나운서가 《우리, 편하게 말해요》라는 책을 출간했습니다. 좋아하는 선배이기도 해서 열심히 읽고, 제 강의를 듣는 수강생들에게도 추천했지요. 선배의 책을 읽고 진심을 다한 따뜻한 마음이 어떻게 사람을 변화시키는지 다시 한번 돌이켜볼 수 있었는데, 그중 특히 칭찬에 대한 부분이 인상적이었습니다.

오랫동안 대학 강단에 섰던 이금희 아나운서는 학생들에게 수첩에 매일 최소한 한 가지씩 스스로에게 칭찬하는 말을 적으라고 했답니다. 100일만 실천해도 많은 게 달라질 거라는 조언과 함께요.

하루 한 번은 쉬워도 100일을 꾸준히 실천하기란 쉽지 않습니다. 그럼에도 실제로 100일을 채운 학생들이 몇몇 있었는데, 이후 그들의 삶이 엄청나게 달라졌다고 합니다.

특히 주목할 만한 변화는 자존감이 높아졌다는 점입니다. 내가 나에게 꾸준히 건넨 칭찬 한마디가 어느 순간 누군가 내게 하는 칭찬처럼 느껴지고, 그 시간이 켜켜이 쌓이면 나 자신이 정말 칭찬받을 만한 괜찮은 사람으로 여겨진다는 것이지요. 사사건건 나를 괴롭히던 내 안의 비판자가 조력자로 바뀌게 되는 겁니다.

저는 이 이야기를 기회가 닿을 때마다 하고 있습니다. 출강 중인 대학교에서도 학생들에게 말하기 스킬만 중요하게 생각하지 말고 나 자신을 칭찬하는 연습을 꾸준히 해보라고 강력하게 권하고 있죠. 다른 유튜브 채널에 출연할 때도 이 이야기를 빼놓지 않는데, 100일 동안 스스로 칭찬하기를 실천해보겠다는 댓글은 많이 달린 반면 실제로 해냈다는 댓글은 아직 보지 못했습니다. 그 점이 참 아쉽습니다.

기회가 된다면 이 100일의 도전을 돕는 프로그램을 열어야겠다고 생각하고 있습니다. 제 도움으로 누군가가 100일간 꾸준히 자신을 칭찬할 수 있다면 그 사람의 인생은 정말 많이 달라질 것이기 때문입니다.

한 가지 덧붙이자면, 스스로 칭찬할 때 절대 남과 비교하지 말라는 겁니다. 비교의 대상은 남이 아니라 '어제의 나'입니다. 어제보다 나아진 점, 어제는 못했는데 오늘은 성공한 일, 용기 내 실행에 옮긴 새로운 시도 등 '어제보다 조금 더 발전한 오늘의 나'에 초점을 두기 바랍니다.

평소 말할 때 자신이 없다면, 자기 자신이 부족한 사람이라는 생각에 위축된다면, '100일간 스스로 칭찬하기'에 도전해보기 바랍니다. 그 자체로 작지 않은 변화를 경험하게 될 것입니다.

호감도 높은 사람들의 말에
숨겨진 비밀

왜 그 사람의 말에는 고개가 끄덕여질까?

주변을 돌아보면 말 잘하는 사람이 참 많습니다. 유튜브에는 더 많고요. 우리나라뿐 아니라 전 세계 곳곳에 정말 말을 재밌게 잘하면서 감동을 주는 사람이 넘쳐납니다.

말 잘하는 사람, 소위 달변가들은 대체로 어떻게 해야 듣는 사람이 내가 하는 말을 더 확실하게 이해할지 공부합니다. 동시에 청중의 공감을 어떻게 끌어낼지 끊임없이 연구하죠. 그렇게 신중하게 연구를 거듭해서 자신만의 말하기 기술을 발전시키고 대본을 완성합니다.

그런데 사실 이들에게는 한 가지 공통된 비밀이 있습니다. 모두 목소리가 좋고 발음이 정확하다는 점입니다.

"당신은 어떤 사람에게 호감을 느끼십니까?"라고 물으면 똑똑한 사람, 내게 도움이 되는 사람, 말을 재밌게 하는 사람, 내 말에 공감해주는 사람 등 다양한 이야기가 나올 겁니다. 하지만 이게 진짜일까요? 호감을 느끼고 나서야 '내가 왜 이 사람을 좋아할까?'를 생각해서 나온 대답일 수도 있습니다. 사실 우리가 무언가를 좋아할 때는 진짜 이유와 내가 생각하는 이유가 다를 가능성이 있거든요.

커피 좋아하나요? 아니면 차는요? 뭐든 좋습니다. 좋아하는 음료를 떠올려보세요. "왜 그 음료를 좋아하죠?"라고 물어보면 수많은 대답이 나옵니다. "맛있으니까요", "정신이 드니까요", "잠이 깨니까요", "일에 집중이 잘되어서요" 등등.

하지만 이것만이 이유는 아닐 겁니다. 맛있으면 다 좋아하나요? 정신이 드는 건 무조건 좋아합니까? 그럼 각성제는요? 잠이 깨서 좋아한다면 찬물로 머리를 감는 것도 좋아하십니까? 이렇게 반대로 물어보면 꼭 그런 건 아니라는 사실이 쉽게 드러나지요.

그렇다면 진짜 이유는 무엇일까요? 사람마다 다르겠지만, 저는 맛과 함께 그 음료와 관련한 '좋은 기억'이 있기 때문이라고 생각합니다. 커피를 마시며 좋은 책을 읽었던 기억, 마음을 편안하게 하는 카페에서 커피를 마셨던 기억, 친구와 커피를 마시며 따뜻한 이야기를 나누었던 기억, 화났을 때 조용한 카페에서 커

1부 이것만 바꾸면 당신의 말이 달라집니다

피 한 잔을 시켜놓고 마음을 달랬던 기억…. 이 모든 게 합쳐져서 그 음료를 좋아하게 됐을 것입니다.

당신을 달변가로 만들어줄 발성과 발음의 힘

인간관계도 이와 같습니다. 누군가가 마음에 들었을 때, "그 사람이 왜 좋아?"라고 묻는다면 다양한 대답이 나올 겁니다. 똑똑해서, 스타일이 좋아서, 키가 커서, 미소 짓는 모습이 매력적이라서…. 그러나 그건 그 사람이 좋은 여러 이유 중 하나일 가능성이 큽니다. 더 근본적인 이유는 그 사람이 내 어떤 과거의 좋은 기억을 상기시켰기 때문입니다.

누군가를 신뢰할 때 발성과 발음이 중요한 이유도 마찬가지입니다. 아마도 대부분은 발성과 발음이 좋은 똑똑한 사람을 만난 경험이 있을 테고, 이러한 경험이 그다음에 만난 발성과 발음이 좋은 사람을 대하면서 '이 사람은 똑똑하구나. 믿을 만하겠어'라고 생각하게 합니다. 다시 말해서 우리는 좋은 발성과 발음만으로도 타인에게 호감을 줄 수 있습니다.

자, 이제 앞서 언급한 달변가들에 대해 다시 생각해볼까요? 대중이 좋아하는 방송인의 대부분은 발성과 발음이 참 좋습니다.

유명 강사들은 어떤가요? 비슷합니다. 김창옥 씨나 김미경 씨가 그렇죠. 그들은 소리가 좋으면서 힘이 있습니다. 오래 듣기 편한 소리죠. 한 시간 넘는 강연을 듣고 있어도 지루하지 않습니다. 이 것이 바로 좋은 발성의 힘입니다.

반대로, 소리가 나쁘면 그 사람과 오래 함께하기 어렵습니다. 내 귀가 그걸 원하지 않아요. 귀는 예민한 감각기관이어서 나쁜 소리를 오랫동안 참고 듣기가 어렵습니다.

오프라 윈프리, 버락 오바마 등 다른 나라의 말 잘하는 그 누구를 생각해도 다 비슷합니다. 정돈된 목소리 톤을 유지하면서 정확하게 발음합니다.

말 잘하는 사람 중에는 간혹 발성과 발음이 약간 부족한 사람도 있습니다. 하지만 그런 사람을 자세히 관찰해보면 자신의 부족한 면을 보완하기 위해 내용이나 비언어적 요소에서 다른 이들보다 훨씬 뛰어나다는 것을 알 수 있습니다. 발성과 발음이 부족하다면 다른 장점으로 부족한 부분을 채워야 한다는 뜻입니다.

하지만 다행히 발성과 발음은 연습만 꾸준히 하면 정말 좋아집니다. 조금만 신경 쓰고 매일 꾸준히 노력한다면 여러분이 하는 말과 목소리가 돋보이게 될 것입니다.

말을 잘하고 싶다고요?
생각보다 쉽습니다.
매일 10분 말하기 연습이
여러분의 인생을 바꿀 것입니다.

2부

이럴 땐
이렇게 말해보세요

우리는 매일 말을 하며 살아갑니다.
그러다 보니 어떨 때는
상대방의 말 때문에 마음이 다치기도 하고
의도치 않게 나의 말 때문에 상대방이 상처를 받기도 합니다.

24년간 말하는 일을 업으로 삼다 보니
주변 사람들이나 스피치 수강생들이
말에 관한 여러 고민을 제게 털어놓습니다.
가족이나 친구가 내 의견을 무시할 때,
친구나 아랫사람에게 조언을 해야 할 때,
갑질하는 상사 때문에 너무 괴로울 때,
힘든 부탁을 거절해야 할 때 등등
그때마다 '이럴 땐, 이렇게 말하면 더 좋았을 텐데…'
하는 안타까움을 느꼈지요.

말을 잘하는 사람들은

말하기 기술만 뛰어난 사람이 아닙니다.

맥락을 파악해 시의적절하게 말하고,

어떤 상황에서든 내 생각을 분명히 전달하고,

상대방의 의도를 읽으며 대화할 줄 아는 사람입니다.

말로 나를 표현하는 데

적잖이 어려움을 느끼지만

그럼에도 좌절하지 않고 변화를 꿈꾸는 분들에게

제 조언이 도움이 되었으면 좋겠습니다.

위로의 말을 건네는 법

힘들어하는 사람에게 "힘내"라고 하지 마세요

얼마 전 제가 주관하는 스피치살롱에 지현주 작가의 《사랑하는데 외로워》 북콘서트가 열렸습니다. 우울증에 관한 책이어서인지 참가한 사람들 대부분이 우울증을 앓았던 경험이 있었죠. 그날 마침 "힘내"라는 말에 대해 각자의 생각을 나눌 기회가 생겼습니다. 반응이 어땠을까요?

거의 모두 "힘내"라는 말에 부정적인 반응을 보였습니다. 사실 부정적이라는 말은 제가 순화한 표현일 뿐, 대부분 "힘내"라는 응원에 오히려 "기분이 너무 나빴다"는 심경을 털어놓았습니다.

개중에는 참을 수 없을 만큼 화가 치밀어 올랐다는 사람도 있었지요. "힘내"라는 말 한마디로 힘이 날 것 같으면 왜 우울했겠느냐며, 그 당시에는 힘을 낼 힘조차 없는 상태였다고 했습니다.

"힘내"는 흔히 힘든 일을 겪는 사람을 응원하는 말로 쓰입니다. 상대방의 아픔을 충분히 이해하고 공감하며 아픔을 이겨내길 바라는 마음이 들어 있지요. 그러나 모두가 같은 마음으로 "힘내"라는 말을 쓰는 것 같지는 않습니다. 가끔은 상투적이고 무책임하게 들리기도 하니까요.

우리말이 그렇습니다. 위로하는 말이 딱히 없습니다. 누군가의 부고를 듣거나 상갓집에 가도 "삼가 고인의 명복을 빕니다" 외에는 딱히 할 말이 없습니다. 다른 말을 하자니 '결례가 아닐까?' 하는 걱정이 들지요. 결국에는 '복사-붙여넣기'를 하듯 똑같은 말을 반복하게 되는 이유입니다.

지현주 작가는 북콘서트에서 이런 이야기도 했습니다. 진심을 담아 위로하는 법을 모르다 보니 절대로 해서는 안 되는 말을 위로랍시고 하는 사람도 있다고요. 예를 들면 이런 거죠.

"에고, 너희 어머니는 이렇게 가면 어떻게 하니. 생때같은 어린 것들을 두고…. 너희들은 이제 어쩐다니."

상주의 어머니는 이미 돌아가셨고, 상주는 지금 세상에서 가장 큰 슬픔에 빠진 사람입니다. 상주야말로 위로를 받아야 마땅한 사람이지요. 그런데 문상 온 어른의 말에 상주가 오히려 그를 위로해야 하는 아이러니한 상황이 된 겁니다. 이어지는 상주의 답변은 어땠을까요?

"괜찮아요. 저희끼리 잘 살아야죠."

이런 상황이라면 과연 문상 온 그 어른이 건넨 말이 진정한 위로의 말이라 할 수 있을까요?

"힘내"라는 말을 포함해 이런 위로는 모두 '말하는 이'의 중심에서 나온 말입니다. 상대방의 입장을 진심으로 헤아린 것이 아닌, 내 입장에서 할 수 있는 일을 표현한 것에 불과합니다. 그 결과 위로받아야 할 사람들을 오히려 더 무력하게 만들고 말았죠.

슬픈 일을 겪은 사람에게 해야 할 말

그렇다면 힘든 일을 겪은 이에게 어떻게 위로하면 좋을까요? 정답은 없지만, 위로하기 전에 다음 두 가지는 반드시 고려하면 좋겠습니다. 첫 번째는 "언제든 힘들면 연락해. 내가 곁에 있어줄 게"처럼 내가 네 곁에 함께한다는 걸 전하는 것입니다. 힘낼 힘조차 없는 사람에게 "힘내"라는 말은 강요에 가깝습니다. 위로할 때는 영혼 없는 조언이나 충고가 아닌 내가 실질적으로 도움을 줄 수 있는 부분에 관해 이야기하는 것이 좋습니다.

두 번째는 '일상 챙기기'입니다. 대부분의 우울은 일상이 무너지는 것에서 옵니다. 일상을 회복하면 우울도 나아지죠. "잠은 잘 잤니?", "밖에 날씨가 좋은데 오늘 좀 움직여봤니?" 등 아주 사소한 일과에 관해 묻고 같이 나누는 것입니다. 힘든 상황에 처해본 경험이 있는 사람들은 이러한 위로가 큰 도움이 되었다고 말합니다.

저는 일본 만화가 아다치 미츠루의 《H2》를 무척 좋아합니다. 여자 주인공 히카리의 어머니가 돌아가셨는데, 히카리는 슬픔을 꾹 참고 꿋꿋하게 상을 치르며 해야 할 일을 묵묵히 해냅니다. 어느 누구도 그녀의 슬픔을 위로해주지 못하죠.

그때 히카리의 오랜 친구인 남자 주인공 히로가 히카리를 데리고 동네 공터로 갑니다. 히카리와 히카리의 어머니, 히로가 함께 캐치볼을 하던 곳이었죠.

공터에 도착한 히로는 글러브와 공을 꺼내어 히카리에게 건넨 후 말없이 캐치볼을 시작합니다. 처음엔 씩씩하게 공을 던지던 히카리는 점점 감정이 차오르면서 울음을 터뜨립니다. 참았던 울음이 터지니 감정을 걷잡을 수가 없었던 히카리는 펑펑 울면서 캐치볼을 합니다. 사소한 일과를 함께 나누는 것만으로 상대에게 얼마나 큰 위로를 줄 수 있는지를 보여주는 장면이 아닐까 합니다.

누구나 힘든 일을 겪습니다. 그게 지금이냐, 지금이 아니냐의 차이만 있을 뿐입니다. 그리고 그런 힘든 일을 겪고 있는 사람은 지금 이 순간에도 도와줄 누군가를 필요로 할지 모릅니다. 그러니 지금 주변에 힘든 일을 겪고 있는 사람이 있다면 한번쯤 손을 내밀어주면 어떨까요? 당신의 따뜻한 말 한마디가 상대에게는 세상에서 가장 값진 위로가 될 것입니다.

고마움을
말로 표현하는 법

선물 앞에 '사양'은 넣어두세요

누군가에게 무언가를 선물하는 건 절대 쉽지 않습니다. 애써 준비했다 한들 상대방의 마음에 들지 않으면 처치 곤란한 물건이 되기 일쑤죠. 그래서 누구에게나 필요한 생필품을 선물하는 게 합리적일 것 같지만, 생필품은 왠지 정이 없게 느껴지기도 합니다.

얼마 전 한 친구의 집에 초대를 받았습니다. 첫 방문이라 무얼 사갈까 고민하다가 두루마리 휴지를 골랐습니다. 살짝 정성을 들였다면 3겹으로 된 것 중 가장 인기가 많은 것을 골랐다는 정도였죠. 초대받은 집에 들어서면서 선물을 건네자 친구가 미소를 지으며 이렇게 말하더군요.

"이야, 고맙다. 제일 좋은 휴지를 사왔네. 잘 쓸게."

기분이 참 좋았습니다. 제 사소한 정성을 친구가 알아준 것 같았기 때문이죠.

사실 우리 문화에서는 사양하는 게 일종의 미덕처럼 선물을 받으면서도 마음과 다른 말을 할 때가 많습니다. "뭐 하러 이런 걸 사왔어", "너 요새 형편도 안 좋다면서…", "아이고, 도로 가져가. 마음만 받을게" 등. 하지만 이런 말은 자칫 선물을 주는 사람의 마음을 상하게 할 수 있습니다. '내 선물이 마음에 안 드나?', '필요 없다는 걸 돌려 말하는 건가?', '더 큰 걸 줬어야 했나?' 하고 오해하게 만들 수도 있고요.

말하는 이의 품격까지 전해지는 감사의 말

친구나 가까운 지인, 직장 동료라면 종종 선물을 주고받을 일이 생깁니다. 만일 누군가로부터 선물을 받았다면 "뭘 이런 걸 다 가져오고 그래?"가 아닌 "정말 고마워! 잘 쓸게"라고 말해보세요. 주는 사람의 마음도 한결 더 기쁠 겁니다.

특히 고맙다는 말을 자주 쓰면 좋은 곳이 있습니다. 가게나 식당, 카페처럼 누군가가 나에게 서비스를 제공하는 곳입니다. 물건을 살 때는 물건을 받으면서, 식당에서는 밥을 먹고 나오면서,

2부 이럴 땐 이렇게 말해보세요

카페에서는 커피를 받으면서 "고맙습니다"라고 말하면 주는 사람도, 받는 사람도 기분이 좋지 않을까요?

의외로 많은 사람이 이 말을 입밖으로 내는 데 서툽니다. 고맙다는 말 한마디에 서로 기분이 좋아지고 우리가 사는 세상이 좀 더 밝아진다면 그까짓 말 한마디, 인사 한 번이 뭐가 그리 어려울까요? 특히 예기치 않은 상황에서 전하는 감사의 말은 말하는 이의 품격을 높여줍니다.

참고로 하나 더 설명하자면 '감사합니다'는 '고맙습니다'의 높임말이 아닙니다. '감사합니다'는 '感謝'라는 한자어에 '-하다'를 붙인 겁니다. 이처럼 우리말에는 한자에 접미사 '-하다'를 붙인 한자어 동사가 생각보다 많습니다. '출발하다', '식사하다', '독서하다', '인사하다', '방문하다' 등 헤아릴 수 없을 만큼 많죠. 다시 말해 '감사합니다'는 한자어이고, '고맙습니다'는 순우리말입니다. 그래서 대선배인 김동건 아나운서는 후배들에게 "아나운서라면 '감사합니다'보다는 순우리말인 '고맙습니다'를 써야 한다"라고 강조하기도 했습니다.

여러분도 이제 기회가 있을 때마다 "고맙습니다" 하고 감사 인사를 해보세요. 선물을 받을 때도 다른 어떤 말보다 먼저 해야 할 말은 "고맙습니다" 이 말 한마디입니다.

갑질에
웃으며 대처하는 법

어떤 상품에도 감정의 값은 포함되어 있지 않다

살아가면서 우리는 다양한 '갑질'을 마주합니다. 그중에는 자신의 권위나 지위를 이용한 패씸하고 부당한 갑질도 있지만, 그저 평범한 사람이 그것이 마치 권리인 양 태연하게 행하는 갑질도 있습니다.

대표적으로 이런 게 있죠. 소위 '돈값'을 해야 한다며 음식점이나 카페 점원들의 감정노동을 당연시하는 겁니다. 말도 안 되는 트집을 잡으며 "그들의 월급에는 감정이 상하는 값도 포함된 거야"라고 말하는 사람을 본 적도 있습니다.

안타깝습니다. 우리 모두 어느 순간엔 갑이기도 하고 어느 순간엔 을이기도 한데, 왜 갑의 위치에 서면 그 권리를 누리지 못해 안달할까요?

이 책을 읽는 여러분만이라도 제 생각에 함께해주셨으면 합니다. 세상에 타인의 감정을 사는 값은 없습니다. 하루에도 수십 번 우리는 타인의 친절을 사기도 하고, 타인의 서비스를 사기도 하고, 타인의 시간을 사기도 하고, 타인의 능력을 사기도 합니다. 그러나 우리가 치르는 비용에 그들의 감정의 값은 포함되어 있지 않습니다.

우리가 받는 월급에도 감정을 소모하는 비용은 포함되어 있지 않습니다. 사회생활을 하면서 어쩔 수 없이 감정노동을 하게 됩니다만, 절대로 당연하게 여겨서는 안 됩니다.

부하직원이 잘못한 게 있으면 잘못한 점만 지적하면 됩니다. "너 같은 놈들은…", "그 대학 나온 애들에게 내가 뭘 기대하겠니…", "그러면서도 월급을 꼬박꼬박 받아 가더라?" 이런 말을 들어줄 의무까지 월급에 포함된 게 아닙니다.

그렇다면 갑질에 직면했을 때 어떻게 대처해야 할까요? 가까운 지인 중에 가족사진 전문 스튜디오에 근무하는 사진작가가 있습니다. 일하다 보면 종종 특이한 부탁을 하는 손님들을 만나기도 하지요. 대부분 어려운 부탁임에도 며칠 동안 야근해서라도 들어드리곤 했답니다. 어떨 때는 갑질로 느껴지는 심한 요구도 있었고요.

한번은 한 손님이 가족사진 촬영 후 어떤 액자를 고를지 상담

하던 중에 서비스로 나오는 선물을 보며 "저는 이거 필요 없으니까 액자를 하나 주세요"라고 하더랍니다. 손님이 요구한 액자는 몇만 원에 판매되는 상품이었고요. 손님의 갑작스런 요구에 당황한 지인은 잠시 고민하다가 넉살 좋게 웃으며 이렇게 대답했습니다.

"손님, 그건 중국집에서 '단무지는 필요 없으니, 탕수육으로 주세요'와 같은 말이에요."

그랬더니 그 손님도 머쓱하게 웃으며 알겠다며 넘어갔다고 합니다.

부드럽지만 단호한 거절의 말

어떤가요? 손님의 무례한 부탁에도 서로 얼굴을 붉히지 않고 웃으며 잘 해결되었습니다.

이렇게 한마디 말로 손님의 부당한 요구를 원만하게 철회시킬 수 있었던 비결은 두 가지입니다. 첫째, '비유'를 통해 간결하면서도 명료하게 의사를 전달했다는 점입니다.

한국인이라면 누구나 중국집 메뉴를 잘 압니다. 단무지도 알고 탕수육도 압니다. 그런 면에서 이 말은 듣자마자 바로 이해가 갑니다. 당사자인 두 사람 모두 이해할 수 있는 비유인 거죠. 나도 알고 너도 알고 우리 모두 이 말을 알아들었을 겁니다. 그러니 손님 입장에서는 못 알아들은 척하기도 민망한 상황이 됩니다. 공격적이지 않으면서 센스 있게 의사를 표현하는 방법이죠.

둘째, '대조'가 명확했다는 점입니다. 서비스 선물 vs. 돈을 받고 판매하는 액자, 단무지 vs. 탕수육. '서비스로 줄 수 있는 것'과 '서비스로 줄 수 없는 상품'이라는 극명한 대조를 통해 의사를 전달한 겁니다.

대조는 명확하면 명확할수록 그 의미가 선명해지는데, 이 경우가 바로 그렇습니다. 사진 전문가가 아닌 우리 입장에서는 선물과 액자의 가격이 어느 정도 차이가 나는지 잘 모르지만, 단무지와 탕수육의 가격 차이는 짐작할 수 있으니까요.

갑질을 방어하려면 스스로 명확한 선을 인식하고 있어야 합니다. 내가 뭔가를 잘못했을 때는 지적당할 수도 있고, 고객에게 불평을 들을 수도 있지만, 그럼에도 해도 되는 말과 해서는 안 되는 말이 있죠.

그런데 선을 지키기 위해서 내가 뭔가 대응하려고 하면 또 다른 고민이 시작됩니다. '어떤 말과 어떤 태도로 대응해야 할까? 강하게 받아칠까? 그래도 될까?'

이때 가장 현명하게 대처하는 방법이 위의 사진작가처럼 농담으로 받아치는 것입니다. 이렇게 적절한 농담 한마디로 대처하면 상대방도 더 이상 무리한 요구를 하지 못하게 되고, 동시에 '아, 이 사람에게 갑질은 안 통하겠구나'라는 생각을 하게 됩니다. 그러니 갑질에 강하게 대처하기보다는 부드러우면서도 단호한 농담으로 대처하세요.

에너지 뱀파이어를
상대하는 법

자신의 불행을 과장하는 사람들

아주 오래전에 잠시 친하게 지냈던 지인이 있는데, 그는 어떤 상황에서 어떤 대화를 하든 상관없이 자신의 불행에 관해 이야기하곤 했습니다. 예를 들면 이런 식이었죠.

친구 1 : 야, 성적 나온 거 봤어?

친구 2 : 봤지. 아, 진짜 열심히 한 과목이 B가 나와서 슬프더라.

친구 1 : 나랑 같이 들은 교양 수업? 나도 마찬가지야. 시험 잘 봤다고 생
각했는데, 완전 망쳤어.

친구 3 : 야야, 그 정도는 아무것도 아니야. 난 이번에 전공만 21학점을
들었잖아. 지난 학기에 과 수석을 해서 특혜 받은 거였거든. 그랬
더니 시험이 사나흘에 전부 겹쳐버리더라고. 진짜 죽고 싶더라

니까.

친구 2 : 그럼 시험 망쳤어?

친구 3 : 아니, 성적은 나쁘지 않은데, 전공 시험 여섯 개를 한꺼번에 준 비하느라 죽을 뻔했다니까? 교양이 문제가 아니라고.

친구 2 : 진짜 힘들었겠네. 고생 많았다.

친구 1 : ….

친구 3의 대화 모습이 어떤가요? 친구 1과 친구 2가 교양과목 성적이 안 좋다며 걱정하고 있는데, 거기에 끼어들어 자신의 걱정을 늘어놓습니다. 그러다 보니 친구 1과 친구 2의 성적 걱정은 아무것도 아닌 일이 되어버렸지요.

주변에 친구 3과 비슷한 대화 방식을 지닌 사람이 생각보다 많습니다. 이들은 항상 자신의 불행한 이야기를 늘어놓습니다. 친구들의 걱정거리에도 그건 아무것도 아니라며 자신의 불행을 과장하기도 하고, 잘 들어보면 딱히 불행한 일이 아님에도 불행 한 사건으로 재구성해 대화의 주도권을 가져가버립니다.

문제는 이런 사람과 함께 있으면 내 에너지가 소진된다는 데 있습니다. 그들의 이야기를 듣고 있으면 무척 피곤할 수밖에 없 습니다. 모든 대화가 걱정과 불행한 이야기로 흘러가니까요. 이 런 사람들을 소위 '에너지 뱀파이어'라고 부릅니다. 그들을 위로

하고 걱정하느라 나의 소중한 시간과 에너지를 빼앗기다 보니 정신이 피로해질 수밖에 없습니다. 이런 에너지 뱀파이어는 멀리하는 게 좋습니다.

대화의 흐름을 끊는 '그래서 효과'

그래도 어쩔 수 없이 만나야 한다면 어떻게 대해야 할까요? 해결책이 있습니다. 이들의 말에 '그래서 ○○○한 거야?'로 대응하는 겁니다. 상대방의 문제를 더 과장해서 할 말이 없게 만드는 거죠. 대화의 흐름을 끊는 기술입니다. 저는 이걸 '그래서 효과' 라고 부릅니다. 다음 대화를 보실까요?

친구 : 나 이번 학기 시험 완전히 망쳤어.

나 : 그래서 너 이번에 학사경고 받는 거야?

친구 : 아, 아냐. 그 정도는 아니야.

나 : 에이, 그럼 됐지 뭐.

이런 식으로 말이죠. 또 다른 대화를 볼까요?

친구 : 미용실에 갔는데 머리를 아주 망쳐버렸어. 돌아다닐 수가 없네.

나 : 그래서 지금 가발 쓴 거야? 그래도 예쁘고 자연스러운데?

친구 : 아, 가발 아니야. 내 머리야.

나 : 그 정도면 됐지 뭐. 괜찮아.

어떤가요? 위의 대화에서 친구는 "나 미용실 다녀왔는데 어때?"라고 물어보면 좋았을 겁니다. 과장된 표현으로 위로받으려는 것은 한두 번은 괜찮습니다. 실제로 그런 경험을 했을 수도 있고요. 하지만 매번 이야기의 패턴이 불행을 과장하는 쪽으로 치우친다면, 듣는 상대방은 지치기 마련입니다.

그렇다고 정말 힘들고 도움의 손길이 필요해서 어렵게 이야기를 꺼낸 사람을 외면하라는 뜻이 아닙니다. 다만 습관적으로 과장해서 불행하게 이야기하는 사람인지, 아니면 정말로 도움이 필요해서 이야기하는 사람인지를 구분할 필요가 있습니다. 진짜 도움이 필요한 사람이라면 아무에게나, 아무 자리에서나 가볍게 그 일을 이야기하지 않습니다.

한마디 덧붙이자면, 내가 말하는 모습도 돌아보길 바랍니다. 나도 모르게 에너지 뱀파이어가 되어 주변 사람들을 지치게 하고 있지는 않은지 말입니다.

항상 부정적인 대화만 하는 사람의 말을
무조건 들어주지는 마세요.
적절하게 대화의 흐름을 끊는 것은
나를 지키는 말하기 방법입니다.

상대방의 잘못을
지적하는 법

'틀렸다'고 말하기 전에 생각해야 할 것들

오은영 박사님을 찾아뵌 적이 있습니다. 저와 아내, 딸, 장모님 까지 온 가족이 총출동했죠. 딸 사빈이의 육아에 대해서 이런저 런 이야기를 한참 주고받고 헤어질 무렵이었습니다. 사빈이가 오 은영 박사님의 사무실에 있는 장난감에 푹 빠져서 집에 가지 않 겠다고 떼를 쓰기 시작했습니다. 그 모습을 지켜보던 저는 이렇 게 말했습니다.

"그럼 사빈이는 여기 있어. 아빠는 엄마랑 할머니랑 갈게."

그런데 육아에 있어서 이런 말은 하면 안 되는 말이었나 봅니다. 잠자코 지켜보던 오은영 박사님이 제게 이렇게 말씀하셨죠.

"석준 씨, 이 상황에서는 다른 방식으로 말하는 게 더 좋아요. 아까 사빈 엄마가 '이 장난감은 두고 가자. 다른 친구들도 함께

놀아야 하는 물건이니까. 우린 다음에 와서 또 놀자'라고 말한 것처럼 장난감을 왜 두고 가야 하는지 그 이유를 설명하는 편이 더 좋죠. '너 혼자 여기 있어' 이렇게 말하면 아이가 불안해할 수 있어요."

제가 틀렸다는 말이었습니다. 그런데 민망하거나 불쾌하게 들리지 않았습니다. 나무라는 것처럼 들리지도 않았고요. 오히려 중요한 육아 상식을 알려주시는 것처럼 느껴져서 경청하게 되었습니다. "틀렸다"라는 말을 직접적으로 쓰지 않아서 그랬는지도 모르겠습니다. 만약 오은영 박사님이 이렇게 말했다면 어땠을까요?

"석준 씨, 그렇게 말씀하시면 안 됩니다. 그러면 아이가 불안해해요."

듣는 저는 아주 민망했을 겁니다. 선생님의 설명은 안중에도 없었을 테고요.

분명 내용은 거의 비슷합니다. 하지만 같은 말이라도 어떻게 표현하느냐에 따라 전혀 다른 느낌으로 전달될 수 있습니다.

스피치 강의를 시작하면서 이런 질문을 받을 때가 있습니다.

"말도 안 되는 주장을 하는 사람한테는 어떻게 해야 하나요?"

그 사람에게 "넌 틀렸어"라고 말해주고 싶다는 이야기죠. 이성적이고 스스로의 논리를 확신하는 사람들이 이런 질문을 많이 합니다.

하지만 이렇게 말하는 건 내 편을 잃는 것과 같습니다. 적나라하게 말하자면, 아주 적극적으로 사람들을 밀어내는 행동이죠. 사실 제가 그런 사람이었습니다. 문제를 바로잡아야 한다는 생각에 잘못을 지적하고 해결책만 제시하기 일쑤였습니다.

곰곰이 생각해보면 상대방의 논리가 틀렸다고 해서 큰 문제가 되지는 않습니다. 별문제 없을 때가 많죠. 그런데도 "넌 틀렸어!" 라고 하면, "그렇네. 내가 틀렸어. 알려줘서 고마워"라고 말할 사람은 거의 없습니다. "아니야", "틀렸어"와 같은 부정어를 자기 자신에 대한 부정으로 받아들이기 때문이죠. 상대방의 조언을 받아들이기 전에 마음을 닫아버리고 맙니다.

잘못을 지적하면서도 내 편을 잃지 않는 말

그럼에도 불구하고 상대방의 잘못을 알려줘야 한다면 어떻게 해야 할까요?

상대방의 이야기에서 틀린 부분에 대해 그저 질문만 던져보세요. 예를 들면 "방금 말씀하신 내용에서 이 부분은 무슨 뜻인가요?" 혹은 "왜 그렇게 생각하는지 궁금한데요?" 이런 식으로 말이죠. 이렇게 틀린 부분을 두세 번 정도 질문하면 상대도 자연스럽게 깨닫게 됩니다. 본인의 논리에 허점이 있다는 것과 그런데도 상대방이 자신을 직접적으로 비난하지 않고 넌지시 알려줬다는 것을 말입니다.

오은영 박사님의 따뜻한 말이 아직도 생생하게 기억납니다. 저도 누군가에게 그런 사람으로 기억되고 싶습니다. 제가 오은영 박사님에 대해서 말하는 것처럼 저를 만난 누군가가 다른 사람에게 저에 관해 이야기할 때, "직접 만나보니 더 좋더라고. 따뜻하고 매력적인 사람이었어"라고 말해준다면 참 좋을 것 같습니다. 제가 그 사람 인생의 한순간을 행복하게 해줬다는 뜻일 테니까요.

잘못을 지적해야만 한다면
그 사람이 잘못한 부분을
그저 질문해보세요.
그 사람도 자연스럽게 깨닫게 될 테니까요.

나를 지키면서
거절하는 법

반드시 들어줘야 하는 부탁은 없다

하루는 제 유튜브 촬영을 도와주는 PD가 이런 질문을 했습니다.

"거절은 어떻게 해야 좋을까요?"

누구에게나 거절하는 것은 어려운 일입니다. 거절당하는 기분을 알기에, 상대방과의 관계가 혹시 틀어질지 몰라서, 언젠가 반대로 거절당할까봐 등등의 이유로 우리는 쉽게 거절하지 못합니다. 거절했을 때 마주하게 될 상대방의 표정이 두렵기도 하고요. 실망, 분노, 서운함, 비난 등의 감정을 직면하기 꺼리는 거죠.

특히 우리 사회는 거절 자체를 인정머리 없는 행위로 여기는 경향이 있습니다. 그래서인지 거절에 어울리는 서술어도 부정적 어감을 주는 '당하다'입니다. 거절 '들었다', 거절 '받았다'가 아니라 거절 '당했다'라고 표현하죠. 그밖의 의사를 표현할 때는 다른 동사를 씁니다. '호의를 받았다', '지지를 받았다'처럼요.

여기서 잠깐, 부탁의 종류를 생각해봅시다. 부탁받는 입장에서 부탁은 '반드시'와 '가급적'으로 나눌 수 있습니다. '반드시' 들어줘야 하는 부탁은 부탁받는 이가 아니면 해결이 곤란한 부탁입니다. 어떤 문제에 대해 오직 나만 해결할 수 있는 거죠. '가급적'은 꼭 내가 해결하지 않아도 되는 부탁입니다.

예를 들어 내가 사장인데 직원이 "이번 달 월급을 한 주 일찍 주시면 안 될까요?"라는 부탁을 한다면 어떨까요? 내가 월급을 주는 사장이니 나만이 해결해줄 수 있는 부탁입니다. 더욱이 어쩔 도리가 없는 상황에서 이런 부탁을 하는 것이라면, 거절하기 힘들죠. 무리를 해서라도 들어주려고 할지 모릅니다.

거절은 내가 세운 원칙과 기준에 따라

그런데 잠시 생각해볼 문제가 있습니다. '반드시' 들어줘야 할 부탁인지 아닌지를 판단하는 주체는 누구입니까? 바로 '부탁을 받는 이'입니다. 사실 부탁한 상대방에게는 '가급적' 들어주었으면 하는 부탁이었을 수도 있습니다. 요청을 받은 입장에서 '반드시' 들어줘야 할 부탁은 없다는 뜻입니다.

이것이 바로 거절해도 괜찮은 이유입니다. 만약 '반드시' 들어 줘야 하는 부탁이라면, 상대방은 내게 다시 부탁하거나 절실한 상황을 더욱 구체적으로 설명하려 할 것입니다. 그때 다시 고민해도 괜찮습니다. 그러니 거절해도 됩니다. 거절을 어렵게 생각하지 마세요.

다만, 주의해야 할 것은 거절의 대상이 상대방의 부탁이지 상대방 자체가 아니라는 점을 분명히 전하는 겁니다. 내가 세운 원칙과 기준을 말로 표현하는 거죠. 제 경우 '다 함께 잘 살자'라는 신념을 갖고 살지만, 대인관계에 있어서 공적인 일에 친분을 끌어들이지 않는다는 원칙을 갖고 있습니다. 아무리 바빠도 반드시 아이와 함께하는 시간을 갖고 있고요(하늘이 두 쪽 난다 해도 그 시간은 누구에게도 내어주지 않습니다). 이렇듯 내 삶의 원칙은 무엇인지, 내게 가장 중요한 것은 무엇인지를 분명히 하면 거절이 한결 쉬워집니다.

사실 거절해야 할 진짜 이유는 따로 있습니다. '나를 지키기 위함'입니다. 어떤 사람들은 누군가의 부탁을 들어주기 위해 무리해서까지 자신을 희생시킵니다. 그 사람이 얼마나 어렵게 부탁을 했을까, 하면서요. 하지만 자신을 희생하면서까지 상대방의 감정을 책임질 필요가 있을까요? 미안해하지 마세요. 거절은 나를 지키기 위해 꼭 필요한 경계선입니다.

또 한 가지 거절의 팁을 이야기하자면, 저는 거절할 때 이유를 구구절절 설명하지 않습니다. 내 상황만 담백하게 설명하죠. 이유가 길어지면 변명처럼 들리기 때문입니다. 기억하세요. 나를 지키기 위한 선에는 긴 이유가 필요하지 않습니다.

거절이 어렵다고요?
거절은 나를 지키기 위한 적정선을
상대방에게 알리는 일입니다.

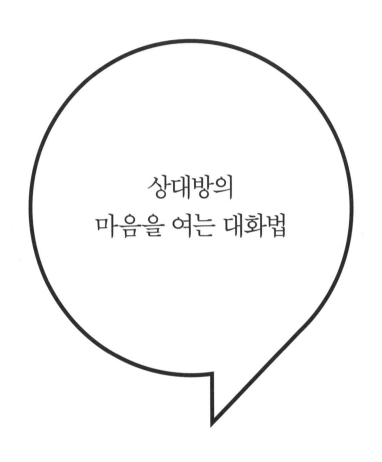

상대방의
마음을 여는 대화법

당신도 혹시 맥커터가 아닌가요?

어느 주말 저녁, 두 남녀가 소개팅을 하고 있습니다. 남자는 여자가 첫눈에 마음에 들었죠. '즐거운 대화를 위한 50가지 주제'도 이미 공부해온 상태였고요. 남자는 그중 '인생 영화'에 대해 이야기해보고 싶었습니다. 평소 좋아하는 영화는 여러 번 다시 보며 숨은 의미를 찾는 것을 즐겨했으니까요. 이런저런 이야기가 오가던 중 드디어 기회가 왔습니다.

여 : 지금 카페에 나오는 이 음악 아세요? ○○○ 영화에 나왔던 OST인데.

남 : 알죠. ○○○가 작곡한 곡이잖아요.

여 : 작곡가까지 아세요? 전 그건 몰랐어요. 그냥 이 음악이 참 좋더라고요.

남 : 그렇죠. 영화 내용과 잘 어울리더라고요. 영화 좋아하세요?

여 : 영화요? 아, 그냥 유명한 영화들은 챙겨 보는 편이에요.

남 : 그러시군요. 전 영화 보는 걸 좋아해요. 이 영화와 비슷한 것 중에 ○○○는 보셨어요?

여 : 글쎄요. 기억이 안 나는 걸 보니 안 봤나 봐요.

남 : 어떤 삶을 살아야 하는지 고민해보려면 이 영화는 꼭 봐야 해요. 여기 나오는 주인공은 좋은 학교를 나와서 변호사가 되어야 한다고 강력하게 밀어붙이는 부모님이 있지만, 사실 본인은 연극배우를 하고 싶어 하거든요.

여 : 아, 네.

남 : 그런데 자기가 하고 싶은 걸 부모님께 설득하지 못해요. 나 이런 거 하고 싶다, 이런 말을 못하는 거예요.

여 : (고개를 휴대전화 쪽으로 돌리며) 그렇군요.

남 : 그래서 계속 부모님 몰래 연극을 하거든요. 아, 카톡 왔어요?

여 : 아, 아니네요.

남 : 몰래 연극을 하다가 결국엔 부모님이 알게 되거든요….

어때 보이나요? 이 남자는 여자의 마음을 움직일 수 있을까요? 우리는 생각보다 이런 실수를 자주 합니다. 상대방의 입장보다 내가 하고 싶은 말에 몰입하죠. 심지어 누군가가 진지하게 이야기할 때조차 '저 말이 끝나면 이렇게 말해야지' 하고 미리부터 제 할 말을 생각합니다. 하지만 이렇게 해서는 상대방의 마음을 열 수 없습니다. 상대방의 마음을 열기는커녕 대화의 흐름을 뚝 끊어버려 더 이상 상종하고 싶지 않은 '맥커터'가 안 되면 다행입니다.

이제 한번 생각해볼까요? 우리는 상대방이 어떻게 이야기할 때 마음을 열까요? 이 방법을 잘 알아서 적용할 수만 있다면 정말 대화를 잘할 수 있을 텐데 말이죠.

대화를 통해서 누군가의 마음을 여는 건 절대로 쉬운 일이 아닙니다. 하지만 다른 방법으로 마음을 여는 것보다는 훨씬 더 쉬운 일이기도 합니다. 누군가를 지극정성으로 보살펴서 마음을 얻는다고 생각해보세요. 얼마나 오랫동안 마음을 다해 정성을 쏟아야 할지를요. 그것보다는 대화로 마음을 여는 게 훨씬 더 쉽죠.

상대방을 편하게 하는 질문, 말하게 하는 질문

사람들은 누구나 자기 관심사에 대해 이야기하는 걸 좋아합니다. 특히 자기가 열심히 공부해서 알게 된 사실이나 요즘 가장 많은 시간을 쓰고 있는 것에 관한 이야기, 평소 좋아하는 주제라면 할 말이 매우 많겠죠. 그러니 우리는 관찰과 경청을 통해 상대방이 무엇에 관심이 있는지 알아채고 화제가 그쪽으로 흘러가도록 대화를 이끌어야 합니다.

이럴 때 가장 좋은 게 '질문'입니다. 질문의 핵심은 상대방의 반응을 이끌어내는 것입니다. 나 혼자 말하지 않기 때문에 주고받는 대화가 가능해집니다. 상대방과 매끄럽게 대화하기 위해 활용할 수 있는 질문 방법에는 두 종류가 있습니다.

첫 번째는 '상대방의 마음을 편하게 하는 질문'을 하는 것입니다. 즉 상대방의 관심사를 찾는 질문이죠. 이 질문 방법은 상대가 관심 없는 주제에는 그리 많은 대답을 하지 않도록 유도할 수 있습니다.

앞의 대화를 다시 볼까요? 남자가 영화 좋아하느냐고 물었을 때 여자는 영화보단 영화음악에 관해 이야기합니다. 여자가 영화보다는 음악 쪽에 더 관심이 많을 확률이 높습니다. 그렇다면 대화는 음악 쪽으로 자연스럽게 흘러가야 합니다. 이미 영화 쪽으로 기울어져 있다면 단답형으로 대답할 수 있는 질문만 하고 마무리해야 하고요.

여 : 지금 카페에 나오는 이 음악 아세요? ○○○ 영화에 나왔던 OST인데.

남 : 알죠. ○○○가 작곡한 곡이잖아요.

여 : 작곡가까지 아세요? 전 그건 몰랐어요. 그냥 이 음악이 참 좋더라고요.

남 : 그렇죠. 음악에 관심이 많은가보네요.

두 번째는 '상대방이 말하게 질문하는 것'입니다. 질문을 통해 상대방이 원하는 대화를 할 수 있게 유도하는 거죠. 이 대화에서 남자가 여자의 마음을 얻는 열쇠는 '음악'입니다. 여자의 관심 분야는 음악이니까요. 그렇다면 여기에서 질문을 이어가야 하는데, 우선 구체적인 방향을 잡아야 합니다. 여자가 좋아하는 게 음악 전반인지, 영화음악인지, 어떤 악기가 나오는 음악인지, 어떤 스타일의 음악인지 등을 알아야 하죠. 이런 탐구가 가능하도록 묻는 것이 좋은 질문입니다.

여 : 지금 카페에 나오는 이 음악 아세요? ○○○ 영화에 나왔던 OST 인데.

남 : 알죠. ○○○가 작곡한 곡이잖아요.

여 : 작곡가까지 아세요? 전 그건 몰랐어요. 그냥 이 음악이 참 좋더라고요.

남 : 그렇죠. 음악에 관심이 많은가보네요. 이런 스타일의 음악을 좋아하세요?

여 : 네, 이런 R&B도 좋아하고 클래식도 즐겨 듣고…. 딱히 가리지 않아

요. 첼로 선율이 아름다우면 참 좋더라고요.

남 : 악기 위주의 음악을 좋아하시는군요. 첼로가 특별히 좋은 이유가 있

으세요?

만약 이렇게 대화를 이어간다면 어땠을까요? 일방적인 대화에
서 벗어나 쌍방향으로 대화를 유도하면 공통의 관심사를 찾게
되고, 이를 계기로 좀 더 깊이 교감할 수 있게 됩니다.

상대방의 마음을 편안하게 해주는 질문과 상대방이 말하게
하는 질문, 이 두 가지 질문법을 활용한다면 상대방의 마음을
열고 좀 더 가까운 사이가 될 수 있을 것입니다. 실제로 사용해
보면서 대화의 즐거움을 느껴보길 바랍니다.

사람은 누구나 자기 관심사에 대해
이야기하길 좋아합니다.
누군가에게 호감을 얻고 싶다면
상대방의 관심사가 무엇인지 관찰해보세요.

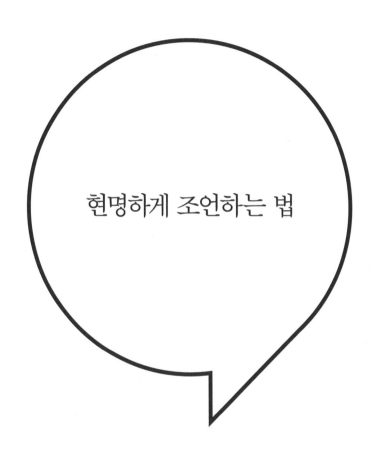

현명하게 조언하는 법

신경 써서 말해주고 욕먹지 않으려면

KBS 아나운서 시절의 일입니다. 대부분의 방송은 남녀 공동 MC가 진행하는 경우가 많습니다. MC들은 방송 녹화 직전까지 대기실에서 방송 대본을 훑어보거나 메이크업과 옷매무새를 최종 점검합니다.

그러다가 녹화 직전에 서로의 상태를 봐주기도 하는데, 상대 진행자가 "저 오늘 스타일 어때요? 괜찮아요?" 하고 물어보면 저는 대부분 "네, 괜찮아요. 오늘도 훌륭하십니다"라고 답합니다. 전문가인 헤어 메이크업 아티스트와 스타일리스트가 이미 점검을 끝냈을 테니 누가 봐도 명백한 문제가 없다면 되도록 말을 아끼는 것이지요. 괜한 조언이 방송을 앞둔 진행자에게 혼란을 줄 수도 있으니까요.

조언은 특히 가까운 친구 사이에 주고받는 경우가 많습니다. 대등한 위치에서 서로를 바라볼 수 있는 관계이니만큼, 부담 없이 쓴소리를 전할 수 있기 때문이죠.

그런데도 저는 특별히 요청하는 경우가 아니라면 친구 사이에서조차 함부로 조언하지 말라고 합니다. 요청해놓고도 막상 들으면 기분이 나쁠 수 있는 것이 조언이기 때문이죠. 저만 해도 누군가의 조언(설령 가까운 친구가 하는 말이라도)이 그다지 달갑지 않습니다. 때론 '네가 나에 대해서 얼마나 잘 안다고?' 하는 생각이 불쑥 들지요. 어떤 경우엔 나 잘되라고 하는 조언인지, 그냥 내 상태를 비난하려는 건지, 놀리는 건지 구분이 안 될 때도 있습니다.

진지한 조언은 말보다 편지로

그럼에도 불구하고 조언을 반드시 해야 한다면 저는 저만의 기준을 적용해봅니다. 제가 할 조언이 'revocable'한지, 아닌지를 판별해보는 거죠. 'revocable'은 '취소할 수 있는', '무효화할 수 있는', '되돌릴 수 있는'이라는 뜻의 영어 단어입니다. 상대방이 하는 이야기가 revocable하면 조언일 가능성이 높고, revocable하지 않다면 비난일 가능성이 높습니다. 다음 대화를 볼까요?

친구 1 : 내 헤어스타일 어때?

친구 2 : 음, 글쎄. 어제처럼 하나로 묶는 게 훨씬 나은 거 같은데?

친구 1 : 그래? 머리 푼 게 좀 더 청순해 보이지 않아?

친구 2 : 그 말도 일리 있는데, 너는 청순보다는 발랄한 게 더 어울리더라고.

친구 3 : 그나저나 염색은 왜 한 거야? 검은 머리칼이 낫던데. 다시 검은색으로 염색해.

친구 1 : 정말? 어제 염색한 건데…. 별로야, 이 색?

친구 3 : 너랑 안 어울려. 평범한 대학생 같아. 원래대로 바꿔.

친구 2의 조언은 친구끼리의 평범한 조언으로 들립니다. 그런데 친구 3의 조언은 어떤가요? 조금 선을 넘는 게 아닌가 합니다. 그럼, 제가 알려드린 'revocable'을 기준으로 생각해볼까요?

친구 2의 조언은 revocable합니다. 그의 말대로 머리카락을 하나로 묶는 것은 쉽게 변형이 가능하죠. 그런데 친구 3의 조언은 어떤가요? 어제 염색한 친구 1에게 염색을 다시 하라는 조언은 머릿결도 상할뿐더러 돈도 드니 쉬운 일이 아니죠. 그런 의미에서 revocable하다고 할 수 없습니다.

물론 친구 3의 말이 옳을 수 있습니다. 그러나 이미 염색한 머리를 되돌리는 것이 revocable하지 않다는 점을 생각한다면 이런 조언은 훨씬 더 조심하고 신중하게 해야 합니다. 앞에서 친구 3은 이렇게 말했죠.

친구 3 : 그나저나 염색은 왜 한 거야? 검은 머리칼이 낫던데. 다시 검은
　　　　색으로 염색해.

이렇게 말하는 것보다는 어제 염색한 친구의 상황을 고려해 실행 가능한 범위에서 조언을 해주는 것이 좋습니다. 만약 꼭 말해줘야 하더라도 '오늘'은 아닌 거죠. 오늘은 염색한 바로 다음 날이고, 친구들에게 새로운 헤어스타일을 처음 보여준 날이니까요. 그러니 굳이 조언을 하려거든 며칠 지난 다음에 하는 편이 좋습니다. 가장 좋은 건 친구가 다시 검은색으로 염색했을 때 이렇게 말해주는 겁니다. "잘했어. 너는 검은색 머리칼이 잘 어울리는 거 같아." 스스로 상황을 정리하길 기다렸다가 의견을 보태는 거죠.

그럼에도 revocable하지 않은 조언을 전해야 한다면 가장 좋은 방법은 편지입니다. 카톡 말고, 이메일 말고, 손편지요. 손편지 한 장에 솔직한 생각을 적어서 보낸다면 상대방은 받아들이는

마음이 아주 다릅니다. 편지는 말보다 신중하고, 정성스럽게 여겨지기 때문입니다. 말로 들으면 살짝 반감이 드는 일도 '이렇게 편지까지 써서 주다니, 진심으로 나를 생각해서 하는 말이구나'라고 받아들이게 되지요.

한편으론, 이 글을 쓰면서 나 자신을 돌아보게 됩니다. 나도 revocable하지 않은 조언을 한 적이 없을까. 생각해보니 참 많습니다. 방송업계에서 필요한 능력에 관해서는 후배들에게 상당히 거침없이 이야기해왔습니다. 그들의 단점을 알려줘서 더 나아지게끔 하는 것이 선배의 의무라고 생각했지요. 그러나 이 글을 쓰는 지금, 그 조언이 후배들에게 과연 진심으로 와닿았을까 하는 생각이 듭니다.

직장에서
신뢰를 형성하는 소통법

일방적인 소통이 위험한 이유

몇 해 전의 일입니다. 녹화장에서 큰소리가 났습니다. 뭔가 문제 상황이 벌어진 듯했습니다. 저를 포함한 출연자들은 상황이 정리되길 기다리며 각자 대기실에 있었습니다. 이런 경우엔 주로 막내 PD나 조연출이 와서 상황을 설명하고, 변경된 녹화 시간과 출연자가 무얼 하면 되는지 알려줍니다. 그날도 그랬습니다. 막내 PD가 여러 번 왔는데, 문제는 올 때마다 말이 달라진다는 것이었습니다.

이런 상황은 일반적인 회사에서도 자주 일어납니다. 어떤 사건이 터지고 그 사건을 고객이나 거래처에 알릴 때, 담당 직원이 계속 말을 바꾸는 거죠. 아마도 무언가를 변명해야 할 상황에 놓였을 때가 아닌가 합니다. 많은 분이 이와 같은 경험을 한

적이 있을 겁니다.

이런 상황은 문제가 제대로 정리되지 않을 때 일어납니다. 문제는 항상 생길 수밖에 없습니다. 회사라면 당연하고요. 일 잘하는 사람이란 문제가 생기지 않게 미리 잘 대비하는 사람이기도 하지만, 문제가 생겼을 때 적절하고 빠르게 처리하는 사람이기도 합니다.

많은 경우 문제가 생기면 팀장 혹은 대표가 직접 문제를 해결하려 합니다. 여기까진 좋습니다. 문제는 소통입니다. 지금 터진 문제가 무엇인지, 앞으로 어떻게 진행할 것인지 등을 팀원 전체와 공유해야 합니다.

하지만 많은 관리자가 문제를 혼자 해결하려 하면서 팀원들에게 일방적인 지시만 합니다.

"김 대리, 고객들에게 컴플레인이 들어오면 3일 뒤까지 반드시 처리하겠다고 답해요. 정말 죄송하다고 꼭 말씀드리고."

"박 과장, 거래처엔 뭐라고 답했어? 계속 전화 온다며? 아니, 그렇게 말하면 안 되지. 우리 잘못이 아니고, 납품처의 실수라고 이야기하란 말이야. 3일 내로 해결하겠다고 해."

팀장이 전체 상황을 공유하지 않고 이렇게 일방적으로 지시한다면, 김 대리와 박 과장은 상황 파악을 하지 못한 채 시키는 대로 할 수밖에 없습니다. 그러다가 상황이 변하면 어떻게 될까요?

또 다른 변명으로 모면할 수밖에 없지요. 그 변명을 듣는 사람은 황당하고 화가 날 수밖에 없습니다.

이런 상황이 빈번하게 발생하면 김 대리와 박 과장은 불만이 쌓일 수밖에 없습니다. 본인이 상황을 판단해서 함께 해결 방안을 모색할 결정권을 빼앗긴 채 윗사람의 판단에 따라서만 움직인다는 생각이 들 겁니다. 언제 어떻게 말이 바뀔지 모르니 윗사람의 지시를 곧이곧대로 듣지 못하고 의심하게 될 테고요. 불신이 싹트는 건 자명할 겁니다. 이런 직장에 오래 다닐 수 있을까요?

문제 공유와 해결을 위한 말

자, 그럼 어떻게 소통하는 것이 좋을까요? 만약 여러분이 직장에서 김 대리나 박 과장의 위치에 있다면 언젠가 팀장이 될 날을 상상해봅시다. 또는 여러분이 팀장이라면 자신의 경험을 떠올리며 어떻게 공유하면 좋을지 고민해봅시다.

좋은 팀장은 문제가 생기면 먼저 팀원들과 상황을 공유합니다. 더 나아가서는 어떻게 문제를 해결해야 할지 팀원들의 아이디어를 모으고 적극적으로 수용하려고 합니다.

"지금 납품처에서 문제가 생겼다고 알려왔어요. 이틀 안에 해결하겠다고 하는데, 그럼 우리는 우리 거래처와 고객들에게 어떻게 조치를 취하는 게 좋을까요?"

팀장이 이렇게 말하며 현재 상황에 대해 솔직하게 알리고 팀원들에게 의견을 묻는다면 팀원들은 소속감을 느끼게 됩니다. 그들도 이 팀의 일원으로서 문제를 해결하기 위해 각자의 능력을 발휘해야 한다는 사명감도 갖게 되겠죠.

더 중요한 건, 문제를 공유하고 함께 해결하는 과정에서 단단한 신뢰감이 형성된다는 점입니다. 수동적으로 '따라' 가는 것이 아니라 '함께' 간다고 느낄 때, 개인이 아닌 팀으로서의 위력을 발휘하게 된다는 걸 잊어선 안 됩니다.

문제를 공유하는 팀장에게 팀원들도 적극적으로 의견을 낼 겁니다.

"우선 고객들에게 연락해서 사과하는 게 좋겠습니다. 제가 전화할까요?"

"납품처에 다시 이야기해서 최대한 납품 시간을 당겨보면 어떨까요?"

"그 납품처는 지난번에도 비슷한 일이 있었어요. 이번에는 팀장님이 좀 더 강하게 소통해주시면 좋겠어요."

팀원들이 이렇게 각자의 자리에서 문제를 해결하려고 노력할 때 상황은 훨씬 더 빠르게 좋아질 겁니다. 또한 이 과정에서 팀원들은 자신들이 문제를 함께 해결했다는 자부심이 생길 테고요. 이렇게 공유와 소통이 팀원들의 사기와 의지에 큰 영향을 끼칩니다.

팀원 전체가 문제를 공유하고 함께 해결해나가는 것의 이점을 아래 세 가지로 요약할 수 있습니다.

첫째, 팀원들이 스스로 중요한 사람이라고 느끼게 한다.
둘째, 팀원이 성장하는 데 도움을 준다.
셋째, 팀 전체의 업무 수행 능력을 끌어올릴 수 있다.

팀장의 입장에서 이렇게 하나하나 소통하는 게 번거로운 일이라는 거 인정합니다. 상대적으로 업무 경력이 긴 만큼 팀원보다 훌륭한 해결책을 가지고 있을 테고요. 그러나 길게 생각한다면 상황을 공유하고 함께 해결책을 모색하는 소통 방식이 더 낫습니다. 팀원의 사기를 북돋아 능력을 끌어올린다면 팀 전체의 업무 수행 능력이 올라가기 때문입니다.

더불어 팀원들의 성장은 회사의 이익인 동시에 팀장 개인의 이익이기도 합니다. 그렇게 성장한 팀원이 다른 팀에 들어가게 되면 업무 공조가 잘되고, 만약 창업한다면 또 다른 방면에서 함께 일할 수도 있기 때문이죠.

무엇보다 함께 살아가는 사회에서 진정으로 신뢰할 만한 동지를 얻게 된다는 것만으로도 가치가 있지 않을까요?

2부 이럴 땐 이렇게 말해보세요

그저 상황을 명확하게 공유하는 것만으로
직장에서의 꽤 많은 문제가 해결됩니다.

당신의 태도가
말에 품격을 더합니다

'말은 그 사람의 생각을 담은 그릇이다.'
제가 좋아하는 문장입니다.

살면서 우리는 많은 사람을 만납니다.
그중에는 왠지 대화가 즐겁고,
생각의 깊이가 남다른 사람들이 있습니다.

말하는 일이 업이고,
스피치를 강의하는 사람으로서
그런 사람들을 관찰해보면
몇 가지 공통점이 있습니다.

말하는 자세가 반듯하고
타인의 말을 듣는 태도가 항상 진중합니다.
또한 말이 지닌 무게감을 알기에
생각나는 대로 아무 말이나 내뱉지 않습니다.

이 장에서는
유머, 배려, 공감, 경청, 수용 등
말 그릇을 키우는 태도를 다룹니다.

좋은 태도는 분명
우리가 하는 말을
더욱 아름답게 만들어줍니다.

여러분도 각자의 말 그릇을 키워
"당신과 함께 이야기하면 즐거워"라는 말을
꼭 들어보시길 바랍니다.

경청을 잘하는 사람이
말도 잘한다

이금희 아나운서의 "네"가 지닌 힘

"대화를 잘하는 사람이 되길 원한다면, 다른 사람의 이야기를 잘 들어야 한다."

《데일 카네기 인간관계론》에 나오는 말입니다. 여러분은 다른 사람들의 이야기를 잘 들어주는 편인가요?

직장에서 우리는 상사의 말에 귀를 기울입니다. 경청하는 척일 지라도요. 하지만 동료나 부하직원이 말할 때는 어떤가요? 친구들은요? 부모님이나 형제자매가 말할 때도 귀를 기울이나요?

'경청'에 관해 생각해봅시다. 일반적으로 경청을 잘하는지 못하는지는 태도에서 판가름 납니다. 말을 들을 때의 표정이나 자세로 말이죠. 나는 진지하게 이야기하고 있는데, 상대방이 건성으로 듣고 있다면 기분이 어떨까요? 사실 이보다 기분이 나쁜 일도 없습니다. 반대로 상대방이 내 말을 정성스럽게 들어준다면 어떨까요? 대화 자체가 즐거울 뿐만 아니라 상대방이 고맙기까지 합니다.

아나운서 선배 중에 경청하는 태도로 유명한 사람이 있습니다. 바로 이금희 아나운서입니다. 저는 '진행자는 말을 잘하는 사람인 동시에 잘 들어주는 사람이구나'를 이금희 선배를 보며 배웠습니다.

〈아침마당〉이라는 프로그램을 기억한다면, 이 프로그램을 18년간 진행한 이금희 아나운서의 모습을 쉽게 떠올릴 수 있을 겁니다. 저는 〈6시 내고향〉의 리포터로 일할 당시 어르신들과 어떻게 하면 자연스럽게 인터뷰를 할 수 있을지 많이 고민했습니다. 그때 자주 모니터링했던 프로그램이 이금희 선배의 〈아침마당〉이었습니다.

자, 이금희 아나운서의 모습을 떠올린 여러분에게 다시 묻겠습니다. 이금희 아나운서의 대표 멘트를 기억하나요? 이렇게 물으면 대부분 고개를 갸웃합니다.

저는 이금희 선배의 방송을 모니터링하면서 대표 멘트를 찾아냈습니다. 마법 같은 한마디였죠. 출연자들의 긴장을 풀어주고, 그들이 속마음을 꺼낼 수 있도록 도와주는 그 한마디는 딱 한 글자입니다. 바로 이거죠.

"네~."

놀랍죠? 〈아침마당〉의 이금희 아나운서를 기억하는 분들은 그녀 특유의 진정성 있는 표정과 함께 이 멘트를 단번에 떠올릴 수 있을 겁니다. 고개를 천천히 끄덕이며 큰 한숨을 내쉬는 듯한 모습이죠. 그녀의 "네~"라는 이 한마디에 출연자들은 무장 해제되고, 긴장을 풀고 평소처럼 이야기하기 시작합니다.

저도 이 "네~"를 배우고 싶었습니다. 거의 성대모사를 한다는 마음으로 똑같이 따라 했지요. 결과는 어땠을까요? 똑같지 않았습니다. 작은 효과는 있었지만, 아무리 따라 해도 듣는 사람의 마음까지 열지는 못했습니다.

1년 정도 지나서야 이금희 아나운서와 저의 차이를 깨달았습니다. 제가 말하는 "네~"는 영혼 없는 표현일 뿐이었습니다. 본질은 '내가 지금 당신의 말에 깊이 공감하고 있다'는 마음에 있다는 걸 뒤늦게 깨쳤죠. 그 마음이 있었기에 이금희 아나운서의 입에서는 "네~"라는 말이 자연스럽게 나올 수 있었고, 상대방의 긴장을 풀어줄 수 있었던 것입니다.

대화를 즐겁게 만드는 사람들의 네 가지 습관

그 사실을 깨닫고 난 후 저는 더 이상 이금희 선배의 말을 따라 하지 않았습니다. 진심으로 경청하는 것이 중요하다는 것을 알게 된 만큼 형식에 얽매일 필요가 없었기 때문이죠. 가장 중요한 것은 상대방의 이야기를 세심하게 들어주고, 내가 잘 듣고 있다는 사실을 자연스럽게 표현해 상대방의 마음을 편안하게 해주는 것이었습니다. 그렇게 저만의 방식을 찾을 수 있었습니다.

다만, 여러 프로그램을 모니터링하면서 경청을 잘하는 사람들에게는 공통적인 습관이 있다는 걸 알게 됐습니다.

첫 번째는 '상대방을 바라보기'입니다. '내가 당신의 이야기를 귀 기울여 듣고 있습니다'라는 마음을 가득 담아서 상대방을 따뜻하게 바라봐야 합니다. '눈은 마음의 창'이라는 말도 있지 않습니까? 이렇게 진심을 담은 눈으로 말하는 상대방을 바라보면 상대방도 느낍니다. 자기 말을 잘 듣고 있다는 것을요.

두 번째는 '팔짱 끼지 않기'입니다. 대중 앞에서 말할 때나 사람들이 내게 주목할 때, 팔과 손을 어떻게 해야 할지 고민하기 마련입니다. 이때는 억지로 모양을 잡으려 들지 말고 옆구리 아래로 자연스럽게 떨어뜨리는 것이 좋습니다.

그게 어색할 때는 펜이나 종이 무엇이라도 손에 들고 있으라고 조언합니다. 어색한 마음에 팔짱을 끼는 사람들이 있는데, 절대로 취해서는 안 되는 자세입니다. 팔짱은 단절이나 거절을 뜻하는 비언어적 표현이기 때문이죠. 이런 느낌을 주기 때문에 프로필 사진에서 팔짱을 끼는 것도 좋지 않다고 생각합니다. 자신 있는 당당한 느낌보다는 단절의 느낌을 더 많이 주기 때문입니다.

세 번째는 '상대방을 향해 몸을 기울이기'입니다. 말하는 사람 쪽으로 살짝 기울인 자세 vs. 상대방과 다른 방향으로 앉은 채로 고개만 돌린 자세. 어느 쪽이 더 경청하는 사람 같나요? 당연히 상대방을 향해 몸을 기울인 게 좋습니다. 가슴이 상대방이 아닌 다른 쪽을 향해 있다면 이것 역시 대화에서는 단절을 의미한다는 걸 꼭 기억하세요.

네 번째는 '적절한 반응(리액션)하기'입니다. 상대방의 말을 경청하고 있다면 자연스럽게 리액션이 따르게 됩니다. 말이든 행동이든 말이죠. 상대방이 자신이 겪은 불쾌한 일에 관해 이야기하고 있다면 "어떻게 그럴 수가 있니?"라든지, "너 정말 화가 많이 났겠구나"와 같은 리액션을 할 수 있겠죠. 물론 필요 이상의 리액션은 대화의 흐름을 깰 수도 있으니 적절하게 하는 것이 좋습니다.

효과적인 경청법을 네 가지로 설명했지만, 이를 기계적으로 지킬 필요는 없습니다. 이금희 선배의 "네~"를 따라 하던 저처럼 흉내만 내고 진심으로 경청하지 못하는 경우가 생길 수 있으니까요. 기본적으로 남의 말을 집중해서 들어주는 것에 초점을 맞추세요. 그러면 제가 말씀드린 행동도 자연스럽게 따라올 것입니다.

"너와 이야기하면 기분이 좋아."

이 책을 읽는 독자분들이 이런 말을 자주 듣는 사람이 되었으면 좋겠습니다. 이 말을 들었다는 건 곧 당신이 진심으로 남의 말을 경청하는, 말 잘하는 사람이 되었다는 뜻이니까요.

진정한 경청은
상대의 마음을 편안하게 해주는 데서
시작합니다.

진심은 꺼내지 않으면
보이지 않는다

녹화 전 방청객과 교류하는 이영자의 진심

〈대국민 토크쇼 안녕하세요〉라는 프로그램을 기억하시나요? 신동엽, 이영자, 컬투의 정찬우, 김태균 씨가 진행하던 KBS 예능 프로그램입니다. 고민이 있는 신청자가 직접 출연해 진행자와 방청객 앞에서 고민을 털어놓으면 모두가 함께 해결책을 모색하는 방송이었죠.

이 프로그램에 패널로 출연했을 때의 일입니다. 보통 방청객이 있는 예능 프로그램은 본 녹화 전에 사전 MC가 무대에 올라가서 30분 정도 방청객들과 이야기를 나누며 시간을 보냅니다. 그렇게 해야 방청객들의 긴장이 풀려서 본 녹화 때 호응이 좋아지기 때문이죠.

그런데 이 프로그램은 뭔가 달랐습니다. 사전 MC가 없었지요. '기존의 예능 프로그램이랑 다르구나' 하고 대수롭지 않게 생각하던 찰나에 이영자 씨가 무대 위로 올랐습니다. 그러더니 방청객을 향해서 손을 흔들며 신나는 목소리로 외쳤습니다.

"여러분, 안녕하세요. 이영자입니다."

방청객들은 함성과 함께 우레와 같은 박수를 보냈고, 동시에 스마트폰을 꺼내 사진을 찍기 시작했습니다. 이영자 씨는 그렇게 본 녹화 전에 방청객들과 함께하는 시간을 가졌습니다. 몇몇 분들과는 인터뷰도 하면서 농담을 던지기까지 했죠. 카메라 감독들도 아직 자리를 잡기 전이고, 출연진도 무대에 오르지 않았는데 그 시간을 정성스럽게 채우고 있었습니다. 본 방송 전에 지치면 어떻게 하나 걱정될 정도였죠.

그때 마침 신동엽 씨가 들어왔습니다. 마이크를 착용하며 방송 준비를 하는 신동엽 씨에게 다가가 물어봤습니다.

"형님, 영자 누나 괜찮아요? 지금 너무 힘 빼시는 거 같은데."

그랬더니 신동엽 씨는 아무렇지도 않은 얼굴로 대답했습니다.

"괜찮아, 취미 생활이야. 누나는 저 시간 못하게 하면 싫어해. 에너지 받으시는 중이야."

신동엽 씨의 장난스러운 대답에 전 그냥 그런가 보다 하고 넘어갔습니다. 그 이상의 의미까지는 생각하지 못했지요. 이영자 씨 덕분에 현장 분위기는 더할 나위 없이 즐거워졌고, 신나는 분위기에서 본 녹화를 할 수 있었습니다.

영자 가라사대, "고맙다면 말로 표현하라"

녹화를 마치고 서로 수고했다는 인사를 나눌 때 저는 이영자 씨에게 인사말처럼 여쭤봤습니다.

"누나, 괜찮으세요? 녹화 전부터 고생하셔서 힘드셨겠어요."

"아니야, 괜찮아. 난 이게 더 즐거워."

"혹시 왜 그렇게 하신 건지 여쭤봐도 돼요?"

"녹화 전에? 재밌잖아. 사람들도 좋아하고. 방송국에 자주 오시는 것도 아닐 텐데, 오면 좋은 추억 만들고 좋잖아. 나는 이분들이 정말 좋고, 감사하니까. 좋아한다고, 고맙다고 말로 표현해 줘야지."

그 순간 저는 적잖이 충격을 받았습니다. 방송국에 오는 분들에게 좋은 추억을 선물하고 싶다는 말에 울컥 하는 마음이 들었지요. 당시 저는 프리랜서 생활을 하면서 개인 방송인으로서 입지를 다지기 위해 고군분투하고 있었습니다. 방송에 출연하는 제 입장만 고민했을 뿐 방청객의 입장까지 고려하지는 못하고 있었을 때였죠. 이영자 씨의 말을 듣고 진심으로 부끄러웠습니다.

'행동으로 보여주고 말로 표현하라. 표현하지 않은 마음은 아무도 알아주지 않는다.'

제가 늘 강조하는 말입니다. 고맙고 기쁘거든 최선을 다해 표현해야 합니다. 이영자 씨가 직접 행동으로 보여준 이 가르침을 잊지 않으려고 합니다. 공자, 맹자도 훌륭하지만 제게는 영자가 더 큰 스승입니다. 영자 가라사대, "고마운 마음은 반드시 말로 표현하십시오."

'진심'은 말하지 않으면 모릅니다.
당신의 마음을 말로 표현하세요.

진심은 꺼내지 않으면 보이지 않는다

남을 탓하기 전에
내 생각을 바꿔보자

시시비비를 가리는 게 의미가 없을 때

약속 시간에 꼭 늦는 사람이 있습니다. 작정이라도 한 건지 늦는 시간도 일정합니다. 제 친구 중 한 명은 정확하게 30분씩 늦게 옵니다. 약속 당일 일부러 30분 정도 시간을 늦추면 신기하게 거기서 또 30분 늦게 나타나지요.

약속 시간에 맞춰 도착했는데도 상대방이 오지 않으면 화가 납니다. 저라고 시간이 많거나 할 일이 없는 건 아니니까요. 그 친구에게 화를 낸 것도 여러 번입니다.

"넌 어떻게 맨날 늦냐? 네 시간만 중요하고, 내 시간은 똥이냐?"

그러면 그 친구도 발끈해서 대꾸합니다.

"좀 늦은 거 가지고 뭘 그렇게 화를 내냐? 서울이 차가 막히는 게 내 잘못이야?"

친구의 뻔뻔스러운 대답에 저는 할 말을 잃었죠. 그런데 나중에 들은 이야기는 그 친구가 일과 관련된 미팅에는 단 한 번도 늦은 적이 없다는 것이었습니다. 심지어 15분 이상 일찍 도착하기도 하고요. 친구가 사람을 봐가며 행동한다고 생각이 드니 저는 더욱 기분이 상했습니다.

그러던 어느 날 이 친구를 또 만날 일이 생겼습니다. 그날도 저는 약속 시간에 맞춰서 나갔지만, 친구는 시간이 지나도 나타나지 않았습니다. 아무리 화를 내도 친구의 행동이 달라지지 않으니 이번에는 다르게 대응해야겠다고 생각했지요. 그리고 친구에게 전화를 걸었습니다.

"난 카페에서 책을 읽고 있을 거니까 천천히 와. 운전 조심하고…."

제 말에 친구는 어떻게 반응했을까요? 저의 대응이 달라지니 친구의 태도도 달라졌습니다. 그 친구는 여전히 늦었지만, 전에 비해 굉장히 미안해했고 제가 기다려준 것에 진심으로 고마워했습니다. 의외의 반응이었죠.

사실 달라진 건 친구의 반응이라기보다 친구를 대하는 제 마음이었습니다. 그동안 친구의 지각하는 습관을 바꿔야겠다는 생각으로 화를 냈지만, 이번에는 그 시간에 차라리 내가 할 수 있는 일을 찾기로 했던 거죠. 그렇게 생각의 방향을 바꿨더니 불쾌한 감정이 들기는커녕 오히려 그 시간을 즐길 수 있게 되었습니다. 기다리는 동안 평소 읽고 싶었던 책을 읽는 것으로 말이죠. 그 뒤로는 친구가 약속 시간에 늦어도 내가 손해를 본다는 생각이 들지 않았습니다.

상대방의 말에 고개를 끄덕여주고 얻는 것

살다 보면 내 생각으로는 도무지 이해가 되지 않는 대우를 당할 때가 많습니다. "상식적으로 네가 이상한 거 아냐?", "길 가는 사람 붙잡고 물어봐라. 네가 이상한지, 아닌지"라고 상대방을 몰아세우게 되지요.

특히 부부 사이에서 이런 갈등은 자주 일어납니다. 그래서 혹자는 국제결혼이 오히려 행복할 수도 있다고 말합니다. 서로 생각이 다르니 불합리한 상황에 대해서도 쉽게 인정할 수 있기 때문이랍니다. 그러나 같은 대한민국에 살아도 성장 환경이 다른 만큼, 행동의 기준이 되는 생각도 다를 수 있습니다. 그러니 특정 행동을 두고 내가 맞니, 네가 맞니 따지는 것은 별 의미가 없습니다.

예를 들어 치약 뚜껑을 닫아두는 것과 열어두는 것, 어느 쪽이 맞을까요? 뚜껑을 닫아두는 게 당연하다고 여기는 사람은 뚜껑을 열어두는 사람을 이해할 수 없습니다. 하지만 뚜껑을 열어두는 게 편리하다고 생각하는 사람은 뚜껑을 닫아두는 행동이 짜증 날 수 있지요.

사람은 모두 다릅니다. 고향이 같아서, 같은 학교를 나와서, 같은 직업을 갖고 있어서 상대방도 나와 같은 생각으로 행동할 거라는 건 헛된 기대일 뿐입니다. 그리고 그렇게 나와 생각이 다른 사람을 만나면 우리는 그 사람이 '틀렸다'고 여깁니다. 약속 시간에 늦는 것도 어떻게 보면 시간을 지켜야 한다는 나의 생각이 '옳다'고 믿기에, 내 생각에서 엇나간 그 친구의 언행을 '잘못된 행동'으로 평가한 것이니까요.

그러니 인간관계에서는 누가 옳고 그른가의 다툼은 의미가 없습니다. 그런 다툼은 결론 없는 소모적인 논쟁일 뿐이지요. 만일 그런 상황에 놓인다면 상대방을 탓하며 변화를 바라기보다 한 발 물러나 내가 할 수 있는 일을 찾는 것으로 생각의 방향을 바꿔보기를 권합니다. 일단 상대방의 말에 고개를 끄덕여주는 것도 좋은 방법입니다. 제 경우처럼 의외로 상대방이 나의 배려를 고마워하고 자기 행동을 돌아볼 수도 있습니다.

말로 상대방을 바꾸려 하지 마세요.

때론 한발 물러서서

내가 할 수 있는 일을

찾아보는 것이 훨씬 현명합니다.

실수를 두려워하면
말하기 실력이 늘지 않는다

실험적인 전현무 vs. 안전 추구 한석준

지금은 예능인으로 불리는 게 더 익숙한 전현무를 알게 된 건 그가 KBS에 입사하기도 전이었습니다. 우리나라 비행기가 미국 공항에 불시착한 적이 있었는데, 당시 YTN에서 이를 속보로 보도하고 있었습니다. 그때의 진행자가 전현무 아나운서였죠. 그에 대한 첫인상은 '뉴스 잘하네'였습니다. 정말 잘했습니다. 군더더기 없는 깔끔한 진행이었고, 멘트도 담백하고 정갈했죠.

전현무 아나운서에 대해 좀 더 자세히 알게 된 건 입사 동기 이상호 아나운서를 통해서였습니다. 학교 후배인 전현무가 KBS에 오고 싶어 한다는 것이었습니다. YTN 아나운서가 왜 KBS에 오고 싶어 하느냐는 제 물음에 이상호 아나운서는 "예능이 하고 싶대"라고 짧게 말했습니다. 이미 뉴스를 잘하는 사람이 왜 예능을 욕심내는지 솔직히 의아했죠.

그는 결국 KBS에 입사했고, 당시 선후배 관계를 매우 중시하던 저는 후배가 된 그를 무조건 예뻐하기로 마음먹었습니다. 그가 하고 싶다는 일, 궁금해하는 일이 있으면 제가 아는 한 많은 이야기를 해줬죠.

하지만 당시 KBS 아나운서실은 예능을 하는 아나운서를 반기는 분위기가 아니었습니다. 뉴스나 교양 프로그램이 아닌 예능을 주로 하는 아나운서는 아나운서스럽지 않다고 여겼습니다. 아나운서의 품위를 떨어뜨린다는 이유에서였습니다. 그 와중에 전현무 아나운서가 입사했던 겁니다.

그는 주변의 시선을 무척 신경 쓰는 사람이지만, 자기가 하고 싶은 일은 참지 못했습니다. 하고 싶은 일은 해야겠는데 주변 시선이 신경은 쓰이고, 그래서 괴로운 솔직한 스타일이었죠. 아나운서실 선배들은 그런 그를 못마땅해했지만, 예능국 PD들은 어떤 캐릭터든 마다하지 않는 그를 너무나 반겼습니다.

선배들은 전현무 아나운서를 혼내고 설득해보기도 했죠. 그래도 통하지 않자 직속 선배인 저를 나무라기 시작했습니다.

"아나운서가 예능에 나가는 게 아무렇지도 않은 일이 되어버렸잖아. 네 후배 네가 책임지고 돌려놔. 언제까지 저렇게 망가지게 둘 거냐."

3부 당신의 태도가 말에 품격을 더합니다

이런 질책을 들은 저는 전현무 아나운서에게 이렇게 말했습니다.

"선배들은 이렇게 말하더라. 근데 난 생각이 달라. 넌 그냥 네 뜻대로 해. 네 방식이 너한테는 더 맞을 거 같아. 선배들한테 욕은 내가 먹을 테니 넌 그냥 너 하고 싶은 대로 해."

제 말에 힘을 얻은 건지 아니면 원래 그런 사람이었는지는 모르지만, 전현무 아나운서는 그 후로도 더 실험적이고 독특한 예능 캐릭터와 예능식 멘트를 늘려갔습니다. 실수를 하기도 했지만 자기만의 독보적인 캐릭터를 갖게 됐죠.

반대로 저는 안전을 추구했습니다. 재미보다는 아나운서로서 완벽한 모습을 보이고 싶었습니다. 예능 프로그램에 나가더라도 혹여나 아나운서로서 말실수를 하지는 않을까 걱정했고요.

자, 실수하더라도 끊임없이 노력했던 사람과 한 번의 실수도 용납하지 않고 두려워했던 사람(그렇다고 실수를 하지 않은 것도 아닌)의 15년 후는 어떻게 다를까요? 지금의 전현무와 한석준을 생각하면 됩니다. 저는 여전히 안전한 방송을 하고 있습니다. 같은 말도 가장 재미없게, 가장 안전하게 합니다. 전현무는 연예대상을 두 번이나 받은 방송인이 되었고요.

실수로부터 배우고 실력을 키우는 법

몇 년 전 우연히 명언을 검색해보다가 소설가 브램 스토커가 한 말을 발견했습니다.

"우리는 성공으로부터 무언가를 배우는 게 아니라 실패로부터 배운다."

저는 생각을 바꾸기로 했습니다. 강의라는 새로운 도전을 하기로 마음먹었죠. 그동안 저는 공개적으로 남을 가르치는 것을 꺼려왔는데 이젠 그러지 않으려고 합니다. 물론 하다 보면 실수도 할 겁니다. 안 해본 일이니까요. 하지만 오래전의 전현무 아나운서처럼 저도 실수를 두려워하지 않고 과감하게 스피치를 가르치는 새로운 일을 시작했습니다. 스피치를 배우고 싶은 분들에게 저만의 노하우를 나눌 수 있다면 작은 실수나 그 실수로 인한 부끄러움은 참고 견딜 수 있을 것 같습니다.

그리고 지금, 스피치를 가르치면서 많은 수강생을 만나고 있습니다. 스피치가 두려운 분들에게 "스피치가 왜 두려우십니까?"라고 물어보면, 많은 분이 "실수할까봐"라고 답합니다. 실수 때문에 망신당하거나 일을 망치는 게 두려운 거죠. 하지만 다른 사람들은 당신의 실수에 그다지 관심이 없습니다. 어떤 자리에서, 모임에서, 발표에서 내가 말 한마디 정도 실수를 한다면 사람들의 머릿속에 고작 10분 정도만 남을 뿐입니다. 물론 스스로는 며칠 동안 괴로워하겠지만요.

그러니 용기를 내세요. 실수해도 큰 문제가 없다면, 차라리 그 실수로부터 배우고 실력을 키우는 게 훨씬 더 멋진 일입니다. 다시 한번 말하지만, 용기를 내세요. 실수를 견디세요. 오히려 그 실수를 통해 성장하세요. 그렇게 생각을 바꿀 때, 지금까지와는 다른 새로운 인생이 시작될 것입니다.

첫 만남에서 자연스럽게
대화를 이어가는 법

초면이지만, 칭찬합니다

저는 올 초부터 국악방송에서 라디오를 진행하고 있습니다. 국악방송은 우리 국악의 매력을 알리는 것이 주목적인 채널이지만, 하루에 딱 한 시간은 국악과 관계가 적은 이야기를 다룹니다. 그게 바로 제가 오전 11시부터 진행하는 〈문화시대〉입니다. 이 프로그램은 국악 외에 역사, 미술, 전시, 도서 등 여러 분야를 다룹니다.

다양한 문화를 다루는 프로그램이다 보니 출연자들도 다양합니다. 대개 저와는 초면이고요. 출연자를 초대한 저는 사전에 출연자에 대해 어느 정도 자료조사를 합니다. 최근 이력이나 관련 분야의 이슈 등을 확인하지요. 그것이 그날 방송의 주제가 되곤 합니다.

준비가 끝나면 대기실에서 출연자를 만납니다. 얼마 전 만난 한 교수님은 방송 출연이 처음이었습니다. 긴장한 모습이 역력해 보이기에 다가서며 물었습니다.

"교수님, 안녕하세요. 출연해주셔서 감사합니다. 오늘 라디오 방송인 줄 알고 계신 거죠?"

"안녕하세요. 네, 라디오인 줄 잘 알고 있습니다."

"의상이 멋지셔서 혹시 텔레비전 출연으로 오해하신 것이 아닌가 했습니다."

"아, 괜찮습니까? 하하하."

철 지난 썰렁한 개그 같다고요? 괜찮습니다. 처음 만난 자리에서 '칭찬을 품은 유머'는 강력한 힘을 발휘합니다. 긴장을 풀어주고 분위기를 단번에 부드럽게 만들어주죠. 제 입장에서는 방송이 처음인 출연자에 대한 작은 배려이기도 합니다.

이후 저는 교수님과 방송 주제에 대해서도 간단히 이야기를 나누었습니다. 당시 주제는 출연자의 전문 분야였기 때문에 사전에 잘 경청하는 것이 더욱 중요했습니다.

경청할 때는 이미 알고 있는 내용일지라도 마치 처음 듣는 것처럼 반응하면서 '내가 당신의 이야기를 열심히 듣는 중'이라는 신호를 계속 보내주는 것이 중요합니다. 그러면 출연자는 훨씬 더 자연스럽게, 그리고 즐겁게 자신의 이야기에 몰입할 수 있죠.

저는 이야기를 나누면서 특히 재미있겠다 싶은 부분은 잘 기억해두었다가 본격적으로 방송이 시작되면 관련 내용을 질문합니다. 그렇게 되면 방송은 성공적으로 끝날 수밖에 없습니다.

부드러운 대화 분위기를 만드는 자세

일상생활에서도 마찬가지입니다. 초면인 상대방을 만날 때 어떻게 대화를 시작하는 게 좋을까요? 소개팅이나 면접 혹은 우연히 옆자리에 앉은 사람과도 마찬가지입니다. 유머는 긴장을 푸는 데 큰 도움이 됩니다. 특히 칭찬이 전제가 된 유머는 대화 분위기도 부드럽게 만들고요. 가벼운 유머 뒤에는 공통의 관심사를 찾아내기 위한 질문과 상대방의 이야기를 경청하는 자세가 필요합니다.

유머(칭찬) ― 질문 ― 경청

간단해 보이지만 여기에는 전제가 있습니다. '상대방에 대한 관심'입니다. 상대방에 대한 관심이 바탕이 되지 않는다면 잘못된 유머, 잘못된 칭찬, 잘못된 주제를 던져 서로 민망한 상황이 연출됩니다.

그래도 여전히 초면에 대화하는 것이 어렵게 느껴진다면 강박적으로 대화를 이어가기보다 상대방을 관찰하는 연습을 먼저 해보는 게 좋습니다. 얘깃거리는 외부에 있지 않습니다. 관심을 갖고 관찰하며 상대방의 말에 주의를 집중하다 보면 호감을 사는 것은 물론 '함께 대화하고 싶은 사람', '같이 있으면 즐거운 사람'이 될 것입니다.

유머는 상대방에 대한
'배려'이자 '관심'입니다.

함부로 뱉으면
안 되는 말

기분이 태도가 되지 않으려면

우리 딸이 이제 네 살이 되었습니다. '미운 네 살'이라고들 하죠? 딸과 대화가 가능해지면서 행복함이 이루 말할 수 없지만, 동시에 자기주장이 강해져서 부모가 개입해야 할 상황이 많아졌습니다. 그럴 때마다 어떻게 설득해야 하나 싶어 절로 한숨이 나오곤 합니다.

요즘은 딸이 갑자기 할머니 방에서 자겠다고 고집을 부립니다. 그것도 엄마와 같이요. 할머니의 침대는 셋이 자기엔 좁은 싱글 침대입니다. 그 침대에서 딸과 엄마가 잠들면 결국 할머니는 슬그머니 거실로 나와 소파에서 주무십니다. 몇 번이나 엄마 아빠와 함께 안방에서 자자고 했지만, 결국 딸의 고집을 꺾지 못했습니다.

어젯밤에도 딸아이가 할머니 방에서 자겠다고 고집을 피웠습니다. 장모님께 너무 죄송해 아이를 설득하다가 급기야 화가 치밀어 올랐습니다.

'도대체 몇 번을 말해야 하니? 잠은 안방에서 자자고 했지? 얼른 안방 침대로 가지 못해?'

다행히 이렇게 소리치려던 차에 딸아이가 배시시 웃었고, 저는 화내려던 걸 잊어버렸습니다. 맞습니다. 저는 딸바보입니다. 그래도 참 다행입니다. 딸이 제 말로 인해 상처받는 불상사는 일어나지 않았으니까요. 저렇게 소리쳤다면 지금 쓰는 이 글은 훨씬 드라마틱했겠지만, 딸은 상처를 받았을 테죠. 저런 말을 내뱉지 않아서 참 다행입니다.

반드시 피해야 할 극단적인 표현

너무나 사랑하는 사람과 결혼해도 살다 보면 싸울 수 있습니다. 다만, 싸우더라도 잊지 말아야 할 원칙이 있습니다. '극단적인 표현은 삼가는 것'입니다. 극단적인 표현은 화해하더라도 마음에 앙금으로 남기 때문이죠.

'에이, 감정이 격해져서 싸우다 보면 심한 말을 할 수도 있지'

라는 생각이 드나요? 하지만 그 말이 상대방의 마음에 평생 상처로 남는다는 것을 잊지 말아야 합니다. "그때는 홧김에 한 말이야. 잊어줘"라고 해서 상대방이 잊는 건 아니니까요.

자, 이쯤에서 무조건 싸우게 되는 대화법을 알려드릴까 합니다. 다르게 표현하면 '앙금이 남는 싸움법'입니다. 다음 대화를 보시죠.

A : 당장 나와서 인사해.

B : 알았어. 지금 하려고 했어.

A : 일어났으면 나와서 인사해야지. 어떻게 그럴 수가 있어?

B : 지금 나간다고.

A : 어디서 못 배운 사람같이, 이게 뭐야?

B : 못 배운 사람이라고?

후배 부부의 실제 대화 내용입니다. 부부가 카카오톡으로 주고받은 대화이고, 제가 이 내용을 책에 써도 되는지 물어보고 허락을 받았지요.

자, 그럼 이 대화에서 무엇이 문제인지 살펴볼까요? 우선 잘잘못이 누구에게 있는지는 생각하지 말아주세요. 우리는 스피치에 대해서 말하고 있고, 이 싸움에서 생각해봐야 할 것은 이들의 대화입니다.

이미 상황은 벌어졌고, 서로 감정이 상했습니다. 카카오톡 창에 남은 이 대화를 두고 양쪽에서 제게 털어놓은 이야기는 다음과 같습니다.

A : "아니, 생각해보세요. 어떻게 그럴 수가 있어요? 그딴 식으로 행동하니까 못 배운 사람 같잖아요. 실제로 예의 바르고 잘 배운 사람이 그렇게 행동하니까 난 열받고, 다른 사람들에게 무식한 놈이라고 비난받을까봐 더 열받죠."

B : "제가 잘못한 건 알아요. 그런데 '못 배운 사람'이라고 할 것까지 있나요? 그래요. 난 이미 못 배운 사람인데, 내가 똑바로 행동할 필요가 뭐 있어요? 이미 그런 사람으로 결정이 났는데?"

물론 상대방의 잘못을 지적할 수 있습니다. 비판이나 비난을 할 수도 있고요. 그런데 그 비난에 '극단적인 표현'을 동반한다면 상대방은 자기 잘못을 받아들이지 않습니다. 극단적 표현은 상대방에게 '반성' 대신 '분노'를 일으킬 뿐입니다.

아이러니하게도 이런 극단적인 표현은 가장 가깝고 사랑하는 사람들을 향할 때가 많습니다. 남편이 아내에게, 아내가 남편에게, 자식이 부모에게, 부모가 자식에게. 기대하는 것이 많으니까 더 답답하고 화가 나는 것도 당연합니다. 하지만 갈등 상황이 벌어질 때마다 극단적인 표현이 오간다면 삶이 얼마나 삭막할까요?

"방문 닫고 다니라고 했지? 내가 수백 번을 말해도 말 안 들을 거지?"

"어제도 같은 문제를 틀렸잖아. 어떻게 또 까먹을 수가 있어? 바보야? 돌대가리야?"

"그딴 식으로 행동하니까 내가 널 존중할 수가 없는 거야."

"대체 이 세상에 너 같은 못된 남편이 어디 있냐?"

"발 좀 씻어. 썩은 내가 진동해. 넌 코 없어? 냄새 안 나?"

"사람 그렇게 안 봤는데, 자식 교육 똑바로 시켜요."

예시를 위해 만들어낸 문장인데 어떤가요? 어우, 제가 쓰면서도 화가 납니다. 이런 말을 듣는다면 화를 내지 않고 이성적으로 대응할 수 있을까요?

이 문장의 공통점을 찾아볼까요? 모두 극단적인 표현을 쓰고 있습니다. '수백 번', '바보', '돌대가리', '그딴 식'…. 이런 표현은 이성적인 사고를 막습니다. 듣는 순간 화가 나고 분노에 휩싸여서 더 엇나가게 될 겁니다.

결국은 상대방을 위해서 하는 말이 아니던가요? 정말 상대방을 위한다면 원칙을 정해야 합니다. 아무리 화가 나도 해서는 안 될 말을 미리 정하고 합의해두는 거죠. 나도 모르게 극단적인 표현을 내뱉고 싶을 때도 내 입을 꽉 붙들어매세요.

극단적인 표현은
상대를 영원한 적으로 만들 뿐입니다.

서로 의견이 달라도
싸우지 않는 말투의 비밀

같은 말도 듣기 좋게 하는 사람

저는 미적 감각이 둔한 편입니다. 강의 자료를 만들면서 배경 색을 고를 때는 꼭 지인들에게 도움을 구합니다. 어느 날 저는 두 명의 친구에게 강의용 PPT 자료의 배경색을 초록색으로 하면 어떨지 각각 물었습니다. 그러자 두 친구는 아래와 같이 답했습니다.

나 : 이번 강의 자료의 배경색을 초록색으로 하면 어떨까?
친구 1 : 에이, 초록색이 뭐야. 바탕을 초록색으로 하면 글씨고 디자인이
고 쓸 색이 없어. 하지 마.

나 : 이번 강의 자료의 배경색을 초록색으로 하면 어떨까?

친구 2 : 초록색 좋지. 일단 눈이 편하니까. 그런데 강의 자료는 보통 스크

린에 쏘잖아? 스크린에서 초록색이 예쁘게 보이긴 힘들더라고.

어떤가요? 두 사람의 결론은 똑같습니다. 초록색 말고 다른 색을 쓰라는 의견이죠. 그렇지만 말투는 서로 다릅니다. 여러분이라면 누구에게 의견을 구하고 싶은가요? 당연히 친구 2입니다.

나와 의견이 다른 사람과 잘 대화하는 비결은 의외로 간단합니다. 두 가지만 기억하면 됩니다. '경청'과 '수용'.

누군가 내게 의견을 물어본다면 그 사람은 이미 오랜 시간 고민했을 확률이 높습니다. 본인의 생각이 있다면 여러 상황을 고려해서 나온 것일 테고요. 그런데 단번에 "넌 틀렸어", "그건 아니야"라고 말한다면 어떨까요? 그 사람은 당신과는 어떤 이야기도 하고 싶지 않을 것입니다.

그런데 당신의 생각에 대해 누군가가 공감해주고 함께 고민해준다면 어떨까요? 당신이 고심했던 것을 이해하고, 자신의 의견을 덧붙인다면요? 이때의 기분을 "황홀할 지경"이라고 표현하는 사람도 있습니다. 그런데 친한 관계일수록, 가족일수록 이 노력을 하지 않는 경우가 많습니다. 사실 더 노력해야 하는데 말이죠.

3부 당신의 태도가 말에 품격을 더합니다

상대방의 마음을 여는 경청과 수용

앞의 대화에서 친구 1과 친구 2의 반응에는 차이가 있습니다. 좀 더 대비되도록 재구성하긴 했지만, 친구 1처럼 상대방의 말을 부정부터 한다면, 상대방의 마음을 여는 건 거의 불가능해집니다.

반면, 친구 2는 상대방의 의견을 받아들이는 '수용'의 태도를 보입니다. 그러면서도 자신의 의견을 조심스럽게 덧붙였고요. 둘 다 제가 고른 초록색에 반대 의견을 내놓고 있지만 친구 2와의 대화에서는 감정이 상하지 않습니다. 오히려 조언을 고맙게 받아들이게 되고요. 이처럼 민감한 주제를 다룰 때도 '경청'과 '수용'을 적용한다면 매끄러운 대화가 가능해집니다.

여기서 팁을 드리자면, 대화 중에 '경청'과 '수용'을 하고 있다는 것을 드러내는 비언어적 표현이 있습니다. '고개를 천천히 끄덕이는 것'입니다.

특히 내 생각과 반대되는 의견을 들었을 때 고개를 천천히 끄덕여주면 상대방은 '내 말을 잘 알아들었구나' 하고 생각합니다. 내 말이 받아들여졌다는 안도와 함께 상대방의 말도 들어줄 여유가 생기지요. 설령 그것이 반론일지라도요.

고개를 끄덕이는 대신 말로 표현할 수도 있습니다. "그 말도 맞군요", "일리 있는 말씀입니다"처럼요. 먼저 상대방의 의견에

동의해주고 뒤이어 내 의견을 개진한다면 서로 뜻이 다르더라도 싸울 가능성이 훨씬 줄어듭니다.

경청과 수용하는 태도는 서로 의견을 나누면서 더 좋은 생각을 내놓게 합니다. 생각이 발전하는 것이죠. 생각을 바꾼다고 줏대가 없는 것은 아닙니다. 토론의 목적이 더 나은 결론을 내는 것임을 기억해야 합니다. 토론의 승리자는 최선의 결론에 이른 사람이고요.

그러니 마음을 열고 대화를 해보세요. 나와 다른 의견에 대해 경청과 수용을 하면서요. 지금까지 느껴보지 못했던 토론의 즐거움을 알게 될 겁니다.

토론의 목적은 이기는 것이 아니라
최상의 결론을 얻는 것입니다.
그 방법은 수용과 경청에 있습니다.

말의 전달력과
몰입도를 높이는
비언어의 세계

아나운서는 어떤 표정으로 뉴스를 전달해야 할까?

입사 1년 차 아나운서 시절, 아나운서는 보디랭귀지를 전혀 쓰지 않아야 한다고 생각했습니다. 목소리의 마스터답게 오로지 목소리로만, 다른 몸동작을 전혀 쓰지 않고 사실을 명확하게 전달하는 데 집중해야 한다고 생각했죠. 그래서 더 정확한 의미 전달을 하기 위해 바른 발성과 발음을 익히는 데 심혈을 기울였습니다.

하루는 선배 아나운서와 저녁을 먹으며 대화할 기회가 있었습니다. 선배는 처음보다 방송 실력이 많이 늘었다며 따뜻한 말로 저를 격려해주었습니다. 그런데 식사를 마칠 때쯤 선배가 말했습니다.

"네가 하는 뉴스는 다 좋은데, 딱 하나 아쉬운 점이 있어."

"…."

"슬픈 기사엔 슬픈 표정, 나쁜 기사엔 화난 표정, 따뜻한 기사엔 행복한 표정이 보여야 하지 않을까? 그런데 네 얼굴은 항상 같더라. 눈으로 들어오는 정보가 꽤 크다는 걸 잊지 마."

당황한 제게 선배는 덧붙여 말했습니다.

"어렵게 생각하지 마. 방법은 간단해. 그 장면을 내가 겪은 것처럼 상상하는 거지. 기사 영상이 있을 거 아냐. 그 내용을 생생하게 그려보라고. 그러면 표정도 자연스럽게 지어질 거야."

상당히 오랜 시간이 지났는데도 그 선배와의 대화가 생생하게 떠오릅니다. 모든 것을 '언어'로만 해결하겠다는 자만이 단번에 부끄럽게 느껴졌던 기억 때문일 겁니다. 그렇습니다. 정확한 사실을 전달하는 뉴스에서조차 '비언어'인 눈빛이나 표정을 활용해야 합니다. 그래야 시청자들이 뉴스를 더 잘 이해할 수 있으니까요.

당시 저는 일상 대화에서는 손과 몸을 많이 사용하는 편이었습니다. 선배의 조언을 들은 후 비언어적 커뮤니케이션을 더 익혀야겠다고 다짐했죠. 의미 전달을 더 잘 돕는 방향으로, 시청자가 편하게 알아들을 수 있도록 몸을 쓰는 방법을 연구했고 직접 적용해보면서 발전시켰습니다.

발표할 때 신경 써야 하는 세 가지 비언어적 표현

스피치 강의에서도 비언어 커뮤니케이션에 대한 질문을 많이 받습니다. 사실 비언어 커뮤니케이션 자체를 궁금해한다기보단 "발표할 때 어디를 쳐다봐야 할지 모르겠다", "손을 어디에 두어야 할지 모르겠다", "표정을 어떻게 지어야 할지 모르겠다" 등 좀 더 실용적인 고민들이었습니다.

이런 고민들은 세 가지 비언어적 표현만 주의하면 대부분 해결됩니다. 하나씩 이야기해볼까요? 우선 '시선'입니다. 여러분은 중요한 발표나 회의가 있을 때 어디를 쳐다보나요? 내 의견을 말할 때는 상대방 혹은 청중을 정확히 바라봐야 합니다. 10명 내외의 인원이라면 발표하는 동안 모두 한 번씩 쳐다보는 것이 좋습니다. 만일 청중이 50명 이상 된다면 발표자를 기준으로 오른쪽-가운데-왼쪽 순으로 훑어보는 것도 좋은 방법입니다. 시선은 가능하면 나와 멀리 떨어진 청중에게까지 향하는 것이 좋고요.

여기서 팁을 하나 드리자면, 발표를 시작할 때는 이 발표의 결정권자에게 시선을 주는 것이 좋습니다. 예를 들면 회사의 대표나 클라이언트가 되겠죠. "나는 당신이 이 발표를 관심 있게 들어줬으면 좋겠습니다"라는 메시지를 주는 것은 물론, 다른 사람들에게도 긴장감이 전해지기 때문에 청중의 집중도를 높일 수 있습니다.

두 번째는 손동작입니다. 손동작을 적절히 사용하면 중요한 내용을 강조할 수 있습니다. 강조할 단어에 손을 들어올리거나 손가락으로 숫자를 나타내거나 주먹을 쥐는 등의 제스처로 표현할 수 있겠지요.

그러나 강조할 때가 아니라면 손의 움직임을 제한하는 것이 좋습니다. 상대방의 눈에는 손의 움직임이 생각보다 크게 보이기 때문이죠. 불필요한 손동작은 오히려 발표를 산만하게 만듭니다. 손을 움직이지 않을 때는 팔에 힘을 빼고 자연스럽게 차렷자세를 하는 것이 좋습니다. 두 손을 포개거나 느슨하게 깍지를 끼는 방법도 있고요.

세 번째는 표정입니다. 미소는 상대방에게 호감을 주는 강력한 무기입니다. 그러니 발표할 때는 미소를 장착하세요. 자동차 판매왕으로 유명한 유튜버 카준형 님은 밝은 미소가 인상적인 분입니다. 제 유튜브에 카준형 님을 초대해서 어떻게 그런 미소를 짓느냐고 물어본 적이 있습니다. 그는 이렇게 대답했습니다.

"대리주차를 하던 시절에 한 평 남짓한 대기 부스에서 조그만 손거울 하나 놓고 틈날 때마다 환하게 미소 짓는 걸 연습했어요. 영업에서는 특히 그렇지만, 어떤 일을 하든지 사람을 상대하는 일에는 미소가 꼭 필요하더라고요. 누구든 절 보면 함께 미소 지었으면 좋겠다고 생각했습니다."

카준형 님의 모습을 떠올리니 글을 쓰는 이 순간에도 절로 미소가 지어집니다. 미소의 강력한 힘이겠지요. 카준형 님은 매일 최소한 10분씩 3년간 연습했더니 의식하지 않아도 자동으로 미소를 띠게 됐다고 합니다. 매일 10분씩 꾸준히 연습한다는 건 쉬운 일이 아닙니다. 하지만 그렇게 해서 내 얼굴의 기본 표정이 밝아진다면 한번 도전해볼 만하지 않나요?

비언어적 표현은 이 밖에도 무궁무진합니다. 하지만 이 세 가지 방법만 잘 활용해도 성공적인 발표를 할 수 있을 것입니다. 자기 모습을 촬영해서 내게 잘 맞는 비언어적 표현을 익혀두는 것만으로도 확연히 달라진 새로운 모습을 발견하게 될 것입니다.

좌중을 압도하는 존재감은
어디에서 오는가

창업에 성공한 김 선배의 진짜 경쟁력

'말 한마디에 천 냥 빚도 갚는다.' 말만 잘하면 어렵거나 불가능해 보이는 일도 해결할 수 있다는 속담이죠. 이와 비슷한 속담이 다른 나라들에도 있는 것을 보면, 말의 중요성은 지역을 불문하는 것 같습니다.

그런데 정말 말이 전부일까요? 누군가의 마음을 움직이고 신뢰를 얻는 것은 결코 쉬운 일이 아닙니다. 천 냥 빚을 갚는 데는 말의 내용도 작용하겠지만 무엇보다 말하는 사람의 '태도'가 한몫할 것입니다.

제 주변에도 말 한마디로 신뢰를 주는 사람들이 있습니다. 물론 그들은 기본적으로 발성과 발음이 좋습니다. 그래도 간과하지 말아야 할 것은 그들의 태도입니다. 언제 어디서든 곧게 뻗은 나무처럼 흐트러짐 없이 단정합니다. 동작이 분명하고 표정이 밝으며, 눈빛도 반짝거립니다. 이러한 비언어적 요소는 상대방의 의사결정에 영향을 끼치는 것은 물론이고 무대에서 청중을 압도하는 에너지를 발휘하기도 합니다.

지인 중에 제가 '김 선배'라고 부르며 따르는 분이 있습니다. 다국적 기업의 임원과 대학 교수를 역임한 분이었지요. 김 선배를 처음 만났을 때 눈길을 끌었던 건 그의 중저음 목소리였습니다. 귀를 사로잡는 목소리였죠. 그런데 제가 매료됐던 건 목소리뿐이 아니었습니다. 말소리보다 행동의 소리가 더 컸다고 할까요? 반듯하게 편 어깨와 상대방에게 집중하는 눈빛, 당당하지만 부드러운 어투, 대화 중에 간간이 내보이는 손동작 등 모든 비언어적 표현이 그가 얼마나 열정적이고 자신감에 찬 사람인지를 은연중에 드러내고 있었습니다.

그렇게 강렬하게 사람을 사로잡는 힘이 있는 그가 최근 창업을 했습니다. 입지를 다지기 위해 어느 다국적 기업의 라이선스를 확보해야 할 상황이었는데, 콧대 높은 유명 기업인지라 아무리 문을 두드려도 성과가 없었다고 합니다. 이에 그는 무작정 비행기를 타고 본사가 있는 미국으로 날아갔습니다. 여러 시도 끝에 본사 담당자들을 만날 수 있었고, 몇 차례 면담한 끝에 라이선스를 확보할 수 있었습니다. 수없는 전화와 이메일에도 아무

반응 없던 그들이 짧은 만남을 가진 후 계약을 허락했던 겁니다.

제가 그 자리에 동행한 건 아니지만, 김 선배의 미팅 모습이 어땠을지 짐작이 갑니다. 이제 막 창업한 어느 한국인이 라이선스를 달라고 했을 때 상대 회사는 얼마나 그를 신뢰할 수 있었을까요? 하지만 그를 직접 만나서 대화해보고는 단번에 마음이 바뀌었을 겁니다. 중저음의 다부진 음성과 함께 당당한 자세와 강인한 눈빛이 신뢰를 주는 데 큰 역할을 했을 거고요.

말에 신뢰를 더하는 말하는 이의 태도

황수경 아나운서도 비언어적 요소로 신뢰감을 높이는 사람입니다. 저는 운이 좋게도 인기 아나운서였던 황수경 선배의 파트너로 큰 무대의 MC를 맡게 되었습니다. 아나운서 경험이 비교적 적을 때였기에 대선배의 노하우를 바로 옆에서 배울 기회였죠. 그때 배운 것 중 하나가 방청객이나 시청자들에게 에너지를 전달하는 법이었습니다.

당시 저는 큰 무대의 프로그램이나 행사를 진행할 때는 제 성량을 키우는 것에 특히 집중했습니다. 힘 있는 목소리가 청중의 집중도를 높일 수 있다고 생각했죠. 하지만 황수경 아나운서는 달랐습니다. 크게 말하는 법이 없었죠. 큰 무대에 서더라도 늘 차분한 말투로 평소의 성량 범주를 벗어나지 않는 모습이었습니다.

보통 이런 스타일의 목소리는 실내 스튜디오에서 진행하는 것이 적합하다고 생각되지만, 황수경 아나운서는 좌중을 휘어잡는 에너지가 충분했습니다. 어떠한 상황에서도 쉽게 당황하지 않는 의연한 모습과 확신에 찬 표정과 눈빛은 시종일관 좌중을 압도했죠. 그녀가 〈열린음악회〉를 17년간 진행할 수 있었던 비결일 겁니다.

저는 이것이 바로 신뢰감의 근원이라고 생각합니다. 신뢰감은 단순히 좋은 목소리에서 나오는 것이 아닙니다. 어떤 태도로 말하는지, 어떤 눈빛으로 상대방을 보는지, 어떻게 손짓을 하는지 등이야말로 신뢰감을 주는 요소들입니다. 별다른 말이 없이 가만히 있어도 눈길을 끌고 기대감을 주는 사람이 있다면, 그 사람은 말 외의 비언어적 요소를 잘 갖추고 있다고 볼 수 있겠지요. 어느 누구도 그런 사람을 쉽게 보지 못합니다. 그리고 그 사람이 하는 말에 신뢰를 느낄 수밖에 없게 됩니다.

사람들이 당신의 말을 신뢰하길 원한다면
어깨와 허리를 반듯이 펴는 것부터
시작하세요.

갈등을 슬기롭게 해결하는
세 가지 방법

결국 감정싸움으로 번진 그들의 대화

"우린 전혀 안 싸워."

"너무 안 싸워도 안 좋은 거야. 자주 싸우는 커플이 오래 가는 거야."

"왜? 난 싸우는 게 싫은데?"

"안 싸우면 자잘한 감정이 쌓여서 크게 터져."

이런 이야기 들어보셨을 겁니다. 연인 사이에 혹은 부부 사이에도 자주 싸우는 커플이 더 오래 간다는 속설이죠. 어느 정도 일리 있는 주장이라고 생각합니다. 오랜 시간 함께 지내다 보면 어쩔 수 없이 서로 안 맞는 부분들이 생기고, 결국엔 둘 중 한 사람이 참을 수밖에 없는 상황이 벌어집니다. 문제는 항상 같은 사람이 참는다는 겁니다. 참는 쪽은 계속 불편한 감정을 쌓아가

겠죠. 그러다 보면 어느 날 한꺼번에 터지게 됩니다.

다른 한쪽은 어떨까요? 상대방이 불편한 감정을 차곡차곡 쌓아왔다는 걸 모릅니다. 지금까지 그 사람이 자기를 위해서 참아 줬다는 사실을 모르죠. '서로 의견이 달랐지만 잘 조율해서 합의했다'라고 생각합니다. 그렇기에 어느 날 갑자기 폭발한 상대방을 보면서 '안 그러던 사람이 왜 이러지?'라고 생각합니다.

A : 우리 오늘 뭐 먹을까?

B : 이 동네에 엄청 맛있는 빵집이 있어. 거기 가자.

A : 또 빵 먹어? 오늘은 돈가스 먹으면 안 될까?

B : 왜? 너도 빵 좋다며? 가자.

A : 너는 왜 맨날 네가 먹고 싶은 거만 먹냐?

B : 맨날 같이 맛있게 먹고선…. 갑자기 왜 그래?

이 대화를 보면 더 명확하게 이해가 갈 겁니다. 직접 말하지 않았을 뿐 한 사람이 오랫동안 참아왔죠. 반면 상대방은 '참아왔다'는 정황을 이해하지 못합니다. 그러니 '너도 좋아했던 거 아니야?'라고 생각합니다. 그런데 오늘 갑자기 화를 내면서 "너는 왜 맨날 네가 먹고 싶은 거만 먹냐?"라고 말하는 걸 이해할 수가 없습니다.

우아하고 멋지게 화내는 법

두 사람이 다시 안 볼 사이가 아니라면, 서로 논의해 이 상황을 현명하게 해결해야 할 것입니다. 여기서 문제는 한 사람이 감정을 참아왔다는 점이지만, 그것이 갈등 상황으로 발전한 데는 그 감정을 단번에 폭발시켰다는 동인이 있습니다. 힘든 감정을 한방에 터뜨리는 것이 아니라 그때마다 조금씩 분출해왔다면, 좀 더 슬기롭게 상대방에게 표현했다면 이렇게 싸움으로 번지지는 않았을 것입니다. 앞으로 화가 나면 쏟아내듯 '다다다' 하며 감정을 분출하지 말고 다음처럼 해보길 권합니다.

1. 화가 터질 것 같은 순간은 피한다.
2. 감정을 빼고 담담하게 이야기한다.
3. 상대방의 즉각적인 사과를 기대하지 마라.

이 세 가지만 지킨다면 이 세상 그 누구보다도 우아하게 화를 내면서도 상대방이 나의 기분을 존중하게 할 수 있을 것입니다. 하나씩 살펴볼까요?

첫 번째, 화가 폭발할 것 같은 순간은 일단 피해야 합니다. 아무리 참는 데 도가 튼 사람이라도 이런 순간에 버럭 화를 내지 않는 건 어려운 일입니다. 그러니 극한의 순간을 피하세요. 자리를 피할 수 있으면 가장 좋고, 그게 여의치 않더라도 그 순간에 감정을 그대로 드러내는 건 어떻게든 피해야 합니다. 절대로 말이 곱게 나갈 수가 없습니다. 불가능합니다. '나는 할 수 있다!' 이런 생각하지 마시고, 반드시 피하세요.

두 번째, 마음이 가라앉은 다음엔 담담하게 이야기하세요. 내가 얼마만큼 참아왔는지, 그래서 얼마나 힘들었는지를 말입니다. 앞으로도 참는 날이 더 많겠지만, 가끔은 내 생각도 해달라는 이야기를 감정을 빼고 담담하게 이야기하는 겁니다.

세 번째, 상대방의 즉각적인 사과를 기대하지는 마세요. 이게 가장 중요합니다. 이미 마음이 가라앉을 때까지 참았고, 또 감정을 마음대로 발산한 게 아니라 자제하면서 최대한 사실만을 이야기했기에 스스로 조절하고 있는 상태입니다. 그래서 상대방이 내 상태를 알아주고, 얼른 사과해주기를 바랄 겁니다.

하지만 상대방의 입장에서 생각해볼까요? 상대방은 내가 이런 생각을 했다는 걸 이제야 알았을 겁니다. 어떻게 모를 수가 있냐고요? 네, 모를 수 있습니다. 그래서 아무렇지 않게 행동했을 테고요. 이제 막 당신의 진심을 알게 된 상대방이 뭔가 말한다면 그건 아마도 지금 이 순간을 모면하기 위한 변명일 가능성이 높습니다. 내 말을 깊게 생각하고 나서 하는 말이 아닌 거죠.

그러니 상대방에게 시간을 주세요. 폭발할 것 같은 순간을 잘 피했다가, 내 감정을 담담하게 이야기해줬다면 그날은 일단 헤어지세요. 따로 떨어져서 생각할 시간이 필요합니다. 지나간 시간과 감정을 생각해보고, 오늘의 대화에 대해서도 생각해볼 시간 말이죠. 그 이후에 하는 말이 진짜 그의 마음이니까요. 이 모든 과정을 거친 후에야 비로소 서로를 더 잘 이해하는 깊은 유대감이 생겨날 것입니다.

이 방법은 꼭 연인이나 부부에게만 적용되는 건 아닙니다. 친구나 직장 동료 사이에서도 통하는 방법입니다. 감정적인 문제로 고민하는 관계라면 어떤 사이에서도 적용할 수 있는 방법입니다. 이 세 가지 규칙을 지켜서 화를 낸다면 당신은 화내는 모습까지도 우아하고 멋질 것입니다.

좋은 말을 하면
좋은 사람이 온다

좋은 사람과 친해지는 유일한 방법

"행복하게 살고 싶다."

제 인생 목표입니다. 사실 방송을 하는 이유도, 스피치 강의를 하는 이유도 가족과 더불어 행복하게 살기 위해서입니다. 행복의 기준은 사람마다 다르지만, 행복하지 않은 기준은 대부분 비슷합니다. 건강을 잃으면 행복하지 않고, 돈이 부족하면 행복하지 않고, 사랑하는 사람과 싸우면 행복하지 않죠. 주변에 좋지 않은 사람이 많아도 행복하지 않습니다.

우리는 좋은 사람들과 친해지고 싶어 합니다. 물론 좋은 사람의 기준은 저마다 다릅니다. 누군가에게 좋은 사람은 나보다 더 배려심이 많은 사람이겠고요. 다른 누군가에게 좋은 사람은 나보다 더 유명하고 사회적 지위가 높은 사람일 수 있습니다. 그

기준이 무엇이라도 좋습니다. 그 좋은 사람들과 친해지는 방법을 알려드릴까 합니다. 유일하면서 강력한 방법입니다. 바로 내가 좋은 사람이 되는 겁니다. 뻔하지만 너무 어렵다고요?

그렇다면 좀 더 실질적인 방법도 있습니다. 나쁜 사람들을 멀리하면 됩니다. 좋은 사람에게서는 향기가 납니다. 좋은 향은 멀리 퍼지지만 강렬하진 않습니다. 은은하죠. 그래서 그런 향을 맡았을 때 바로 알아차리지는 못합니다. 반면, 나쁜 향은 강렬합니다. 누구나 바로 알아차리고 인상을 찌푸립니다. 안 좋은 사람에게선 나쁜 향이 납니다.

실제로 좋은 사람은 나쁜 사람 곁에 있질 못합니다. 그 향을 참고 있기가 힘들거든요. 어떻게든 그 자리를 벗어나려고 합니다. 그래서 좋은 사람들은 좋은 사람들끼리 모입니다. 서로에게 좋은 향을 내뿜으면서요.

좋은 사람들이 향기를 맡고 모여들 만큼 좋은 사람이 되려면 어떻게 해야 할까요? 우선 태도부터 바꿔보세요. 좋은 옷을 입고 비싼 차를 탄다고 좋은 사람이 되는 것은 아닙니다. 화가 날 만한 상황에서 침착하게 대응하고, 불이익을 감수하면서라도 옳은 일에 대한 기준을 바꾸지 않고, 이름도 모르는 타인을 위해 작은 선의를 베푸는 것. 그것이 좋은 사람이 되는 첫걸음입니다.

3부 당신의 태도가 말에 품격을 더합니다

배려하는 태도가 삶을 향기롭게 만든다

좋은 태도는 그렇게 대단한 것이 아닙니다. 때론 정말 사소한 태도에서 좋은 사람의 향이 느껴지기도 합니다. 지난겨울, 가족과 쇼핑센터에 간 적이 있습니다. 엘리베이터를 기다리고 있는데, 옆엔 저희 딸보다 조금 더 어린 아이를 유모차에 태운 가족이 있었습니다. 엘리베이터 문이 열렸지만 이미 꽉 차 있었고, 더 탈 자리는 없어 보였지요. 그때 엘리베이터에 타고 있던 학생 네 명이 내렸습니다. 그러고는 그 빈자리에 유모차 가족이 탔지요. 방금 내린 학생들이 주고받는 이야기가 들렸는데, 이런 대화였습니다.

"뭐야, 왜 여기서 내렸어?"

"유모차가 있었잖아. 우리는 에스컬레이터를 타고 가자."

어때 보이나요? 제 눈엔 유모차를 보고 서둘러 내린 학생들의 뒷모습에서 빛이 나는 것 같았습니다. 좋은 향기란 이런 것이 아닐까 합니다. 유모차는 에스컬레이터를 탈 수 없고 오로지 엘리베이터만 탈 수 있으니까, 그 학생들이 유모차를 가져온 가족을 배려한 것이었지요.

물론 꼭 그래야 한다는 규칙은 없습니다. 모른 척한다고 욕할 사람도 없고요. 하지만 저런 대화를 하며 걸어가는 트레이닝복

차림의 학생들의 뒷모습에선 오랫동안 기억에 남을 향기가 납니다. 이렇게 타인을 배려하는 모습을 보면 우리는 감동하고 절로 미소를 짓게 됩니다. 그런 사람 곁에 있으면 닮아가게 마련이고요.

좋은 사람들은 결국 모입니다. 나쁜 사람들도 모입니다. 여러분은 어느 쪽으로 모이고 싶으십니까?

좋은 태도를 갖추려면 먼저 생각을 바로잡아야 합니다. 생각이 바로잡히면 말도 바르게 하게 됩니다. 생각과 말과 태도가 선순환을 이루어 조금씩 나아질 때 좋은 사람으로 거듭날 수 있습니다. 그런 노력을 기울일 때 어느새 당신 곁에는 좋은 사람만 가득하게 될 겁니다.

말하기에 자신이 생기면 인생이 바뀝니다

마지막 장을 넘기는 독자들의 마음이 말하기에 대한 자신감으로 차 있기를 바랍니다. 그렇게 되셨습니까? 지금까지 제가 24년간 방송일을 하면서 쌓아온 노하우를 차근차근 풀어냈습니다. 말에 관한 이야기를 글로 쓰려니 제 생각이 제대로 전달되었는지 걱정되고 두렵습니다.

아주 오래전에 다른 책을 썼습니다. 《삼국지》와 관련된 책이었죠. 그때도 책을 쓰는 일은 참 쉽지 않았습니다만 이번 작업이 좀 더 힘들었습니다. 첫 책은 제 전문 분야가 아니어서인지 접근하는 마음이 그리 부담스럽지 않았는데 이번엔 달랐습니다. 말리는 사람들도 있었고요. 방송을 하기도 바쁜데 책까지 쓸 여유가 있느냐, 지금 여러 곳에서 가르치는 것으로도 충분하지 않느냐…. 아주 가까운 사람이 이런 조언을 할 때는 사실 흔들리기도 했습니다.

이 책을 쓰면서 제가 가장 중요하게 여겼던 생각이 있습니다. 말하기에 어려움을 느끼는 누군가에게 꼭 필요한 도움을 주겠다는 것입니다. 말하기에 관한 책들이 이미 서점에 많이 나와 있지만, 우리나라 대표 방송인 KBS의 아나운서 교육 방식을 통해 배운 것들을 조금이라도 더 알려드리고 싶었습니다.

요즘은 서점가의 책도, 유튜브 영상도, 돈 버는 기술을 알려주는 콘텐츠가 잘됩니다. 그래서 어떤 사람들은 말을 잘하면 돈을 잘 벌 수 있냐, 돈이 아니면 뭘 얻을 수 있냐고 묻습니다.

스마트스토어 운영법이나 유튜브 영상 만드는 법을 배우면 돈을 벌 수 있을 겁니다. 그런데 여기서 정말 돈을 많이 버는 사람은 누구일까요? 스마트스토어 운영법과 유튜브 영상 만드는 방법을 '잘 가르치는 사람'입니다. 사실 따져보면 그들이 돈을 많이 버는 것도 결국 '말을 잘해서'입니다. 왜냐하면 그 방법을 잘 아는 사람은 많지만 그걸 가르치는 일로 돈을 버는 사람은 방법도 알고 말까지 잘하는 소수이니까요.

꼭 돈이 아니더라도 말하기의 필요성은 명확합니다. 우리는 원하든 원하지 않든 다양한 관계를 맺고 살아갑니다. 우리가 돈을 버는 이유 중 하나도 풍요로운 인간관계를 위해서가 아니던가요? 미국 펜실베이니아주립대학의 교수이자 사회학자인 샘 리처드가 이런 말을 했더군요. 한국인의 인생의 목표는 돈인데, 다른 나라 사람들과 그 목적이 다르다고 말입니다. 자신이 아니라, 가족과 친구를 더 잘 챙기기 위해 돈을 많이 벌고 싶어 한다는 겁니다. 그만큼 한국 사람들은 인간관계를 중요하게 생각합니다. 그런데 인간관계를 유지하는 데 '따뜻한 말'보다 더 중요한 게 있을까요?

이 책을 내기까지 고마운 사람이 참 많습니다. 글의 내용과 구성으로 힘들어할 때 좋은 편집자를 소개해주신 홍창진 신부님. 신부님과 함께 나타나주신 좋은 편집자인 한성수 부장님, 송현경 과장님. 이 책에 등장하는 나의 친구들. 추천사를 써달라는 부탁에 흔쾌히 읽어보고 글을 보내주신 분들. 더 좋은 책을 쓰고 싶게 저를 응원해주시고 기대해주시는 스피치 강의 수강생분들과 스피치살롱 참가자분들. 모두 정말 감사합니다.

제가 책을 쓸 수 있도록 제 딸을 더 많이 봐주시고, 주말엔 아예 댁으로 데려가 돌봐주신 장모 채수남 님 감사합니다. 언제나 밝은 웃음과 장난으로 힘을 주는 딸 한사빈, 힘들 때마다 온 마음을 다해서 저를 응원해준 아내 임혜란 님 감사합니다.

이 책이 말하기가 어려워 힘든 하루하루를 살아가고 있는 사람을 한 명이라도 도울 수 있다면, 나를 향해 웃어주는 딸의 얼굴을 볼 때처럼 행복할 겁니다.

한석준의 말하기 수업

말하기에 자신이 생기면 인생이 바뀝니다

초판 1쇄 2023년 8월 25일
초판 13쇄 2024년 7월 4일

지은이 | 한석준

발행인 | 문태진
본부장 | 서금선
책임편집 | 송현경 편집 1팀 | 한성수 유진영

기획편집팀 | 임은선 임선아 허문선 최지인 이준환 송은하 이은지 장서원 원지연
마케팅팀 | 김동준 이재성 박병국 문무현 김윤희 김은지 이지현 조용환 전지혜
디자인팀 | 김현철 손성규 저작권팀 | 정선주
경영지원팀 | 노강희 윤현성 정헌준 조샘 이지연 조희연 김기현
강연팀 | 장진항 조은빛 신유리 김수연 송해인

펴낸곳 | ㈜인플루엔셜
출판신고 | 2012년 5월 18일 제300-2012-1043호
주소 | (06619) 서울특별시 서초구 서초대로 398 BnK디지털타워 11층
전화 | 02)720-1034(기획편집) 02)720-1024(마케팅) 02)720-1042(강연섭외)
팩스 | 02)720-1043 전자우편 | books@influential.co.kr
홈페이지 | www.influential.co.kr

ⓒ 한석준, 2023

ISBN 979-11-6834-123-4 (03190)